12

UNA HISTÒRIA CATALANA

Textos a part
TEATRE CONTEMPORANI

Edita: Arola Editors
1a edició: desembre del 2011
© del text: Jordi Casanovas
© del pròleg: Matthew Tree
Disseny gràfic: Arola Editors
Disseny portada: Antoni Torrell
Il·lustració portada: Llorenç Brell
Impressió: Gràfiques Arrels
ISBN: 978-84-15248-57-6
Dipòsit legal: T-1735/2011

Col·lecció Textos a Part

La direcció d'aquesta col·lecció compta amb la col·laboració de:

Carles Canut (Fundació Romea per a les Arts Escèniques)
Toni Casares (Sala Beckett)
Joan Pascual (Zona Zàlata)
Toni Rumbau (Festival d'Òpera de Butxaca i Noves Creacions)

Consell de Publicacions del TNC:

Margarida Casacuberta
Toni Casares
Bernat Puigtobella
Joan Sellent

Polígon Francolí, Parcel·la 3
43006 Tarragona
Tel.: 977 553 707
Fax: 902 877 365
arola@arolaeditors.com
arolaeditors.com

Qualsevol forma de reproducció, distribució, comunicacio pública o transformació d'aquesta obra només pot ser realitzada amb l'autorització dels seus titulars, tret de l'excepció prevista per la llei. Dirigiu-vos a l'editor o a CEDRO (Centre Espanyol de Drets Reprogràfics, www.cedro.org) si necessiteu fotocopiar, escanejar o fer còpies digitals d'algun fragment d'aquesta obra.

UNA HISTÒRIA CATALANA

Jordi Casanovas

LA QUADRATURA DEL TRIANGLE

De tant en tant (és a dir, massa sovint) als nascuts a fora actualment residents a Catalunya que hem estat entrevistats a la ràdio per ser escriptors, actors, músics, periodistes o senzillament nascuts a fora, se'ns preguntem coses com ara: «Digue'ns què t'agrada i què no t'agrada dels catalans» o bé: «Digue'ns una virtut i un defecte dels catalans». O altres coses per l'estil. Si qui contesta diu la veritat —que no hi ha un català tipus i per tant la pregunta no té sentit— semblarà un aixafaguitarres altiu; i si realment prova de contestar aquesta mena de pregunta —tot dient, posem per cas, que una virtut dels catalans és que són estalviadors i un defecte és que mai no s'emborratxen prou— semblarà curt de gambals.

Si és cert que el mateix es podria dir de preguntes semblants en qualsevol altre país, és encara més cert en el cas de Catalunya —la història social recent de la qual es podria qualificar de «rocambolesca», un adjectiu que, tanmateix, es queda curt— un país en què qualsevol generalitat sobre els seus habitants (extraordinàriament heterogenis i que sempre es troben al bell mig d'un o altre flux migratori) perd sentit en el moment mateix que surti de la boca de qui generalitza.

D'aquí la ironia i l'ambiguïtat presents, ja, en el títol d'aquesta obra: *Una història catalana*. No és casual que a la nota autobiogràfica que Jordi Casanovas va escriure per a l'opuscle del Teatre Nacional —on l'obra es va estrenar— hi trobem la frase següent: «Passen els anys i cada cop tinc menys clar què és ser català».

Tampoc és casual que l'acció comenci en un lloc que un dels personatges descriu, directament al públic, així: «Pirineus. El Pallars. Més o menys». És a dir, som a la Catalunya rural i muntanyenca —el nom del poble no importa—, una Catalunya suposadament catalaníssima, remota, no corrompuda per les onades castellanitzadores d'obrers forans. Una Catalunya, diguem-ne, mitificada. Però en comptes de trobar-nos en una mena de paradís recobrat, veiem que els personatges estan embolicats en un ambient de malfiança i violència (verbal i física) arran de les vendes d'un terreny a una empresa que hi vol construir una estació d'esquí: tots els veïns de la localitat hi estan d'acord, menys una família que viu en una casa llunyana, muntanya amunt. És més, el llenguatge de tota aquesta gent, rigorosament dialectal, lluny de sonar com el bell catalanesc d'antany, més aviat fa l'efecte de ser l'equivalent lingüístic d'una andròmina abonyegada.

Som al 1979.

De cop, l'autor ens transporta a una altra Catalunya, ben diferent: la dels *quinquis* castellanoparlants de l'època i la seva vida violenta. Però aquí tampoc hi ha cap idealització (per contrast amb la mitificació i fins i tot glorificació d'aquest univers particular per part de segons quins cineastes i dibuixants de còmics de la dècada de 1980). En absolut: la parla d'aquests personatges, com la dels pallaresos, també té quelcom de carrinclona i d'inconscientment còmica.

Tot seguit, els crèdits, en format cinematogràfic, entren en escena. Tard o d'hora sabem que aquests dos mons han d'entrar en contacte. La història ha començat.

* * *

A les muntanyes, la propietària de la casa llunyana decideix que la seva filla nounada no tindrà mai res a veure amb els del poble —els quals odia a causa del conflicte esmentat sobre l'estació d'esquí— i per assegurar-se'n, escampa un rumor al poble a fi i efecte que ella, la mare, és una bruixa autèntica; per si de cas, augura que les vaques de dues granges moriran (i emmetzina una part dels prats perquè la profecia no falli). D'ara endavant, la casa es transforma en lloc aïllat, amb una àvia cada vegada més senil i una mare convençuda que la seva filla ha de viure protegida dels de fora per una gran mentida. Així mateix, l'amor es converteix en una presó i la família —aquesta família, si més no, tot i que se sap que n'hi ha moltes més que són molt semblants, en el fons— en una secta.

A Barcelona, un dels *quinquis* i el seu millor amic entren en contacte amb els fills d'un especulador a qui venen drogues. Ara hi ha un tercer món en discòrdia: el dels burgesos catalans sense escrúpols i els seus fills mimats i hedonistes. Un dels moments més còmics de l'obra és quan els *quinquis* i els *pijos* proven d'explicar com són, els uns als altres. Vet aquí un dels fills de l'especulador: «Tú pides veinte al banco...Inviertes estos veinte. Ganas cien. Devuelves cuarenta...Es fácil.» I aquí un dels *quinquis*, quan li pregunten com és el barri on viu: «Como todos. Con calles.» O quan li pregunten si ha robat: «Bueno. A veces.»

De cop, fem un llarg salt a través de la dècada de 1980. Al poble del Pallars, cada cop es traslladen a Barcelona més joves per buscar-hi feina, mentre la família de la muntanya es reafirma en el seu rebuig als diners. Aquí la mare: «Allà a fora la gent només se mou per tenir més [diners]... no vull que la Laiéta [la filla] tingue aguests desitjos». La Laia, amb el pas trepidant dels anys, es fa quasi adolescent: hi ha una altra escena còmica, magistral, quan l'àvia i la mare es posen a parlar de les «popes» que la nena aviat tindrà, una conversa que, involuntàriament, desperta l'interès d'aquesta pels «hòmens».

A ciutat, els *quinquis* comencen a pujar de categoria. Combinen la venda de droga amb l'encàrrec que els ha encomanat l'especulador: el de garantir la seguretat a les seves obres de construcció.

El *quinqui* principal, Calanda, té, a més a més, altres ambicions: vol casar-se amb la filla del seu amo; però es troba amb una barrera ben catalana quan ella diu que això no pot ser perquè: «Tú no eres de aquí».

Arran d'això, Calanda pronuncia una de les frases clau de l'obra: «Vamos a comprar Cataluña». L'adquisició massiva de béns pot convertir —o això és el que ell creu— un delinqüent xarnego en un prohom de la ceba.

* * *

El temps vola. Arriba el '92. Calanda i el seu amic es fan rics invertint tots els diners que han guanyat en la construcció. Es transformen. Aprenen català. Compren l'empresa de l'especulador, arruïnat per un frau fiscal que ells mateixos han denunciat.

Per fi, per fi, clissem com el món de la casa rural pallaresa i el dels baixos fons de Barcelona entraran en contacte: Calanda decideix que reprendrà el projecte de l'estació d'esquí pallaresa, abandonat el 1979. Només hi ha un problema: «Hay una família hijoputa que no… quieren vender». Ja sabem, és clar, de quina família es tracta.

Calanda i el seu col·lega pugen al poble, on s'està organitzant una «Festa del Mil·lenari» per als *pixapins*.

* * *

A la segona part de l'obra l'escenari es converteix en una plaça de poble —es tracta d'un cop d'efecte excepcional— a la qual el públic baixa, físicament i en bloc. Tots, de fet, hem de fer de *pixapins* i *camacus*, asseguts com som a unes taules rodones, envoltats de la tarima del discjòquei local i de la barra improvisada i de la mateixa gent del poble que hem anat coneixent durant l'última hora i mitja. Irrompen en escena els dos *quinquis* —o *exquinquis*, més o menys— que han pujat, recordem-ho, per arreglar el tema de la «família hijaputa».

L'acció s'accelera cada vegada més i nosaltres, el públic, ho vivim de prop, de la mateixa manera que ara tenim els temes principals de l'obra davant dels nassos: l'amor convertit en mentida protectora, la criminalitat convertida en ascens social, els diners com a objecte de desig universal i acceptable; uns temes plasmats en els personatges que ara s'escridassen, que es disparen, que fugen, i un dels quals canta «Personal Jesus», en la versió de Depeche Mode, si no m'equivoco: un moment dramàtic que, per inesperat, posa els pèls de punta.

* * *

When Worlds Collide, es deia una coneguda pel·lícula de ciència ficció de 1951; i en aquesta obra de teatre que en un tres i no res explica la història catalana dels últims quaranta anys, els mons que la conformen xoquen els uns amb els altres, per revelar un univers, dit català, en què el que fa un lladre andalús a Barcelona pot afectar el comportament d'una trastocada nascuda al cor dels Pirineus (i viceversa); en què la bondat de segons quins pagesos resulta ser una disfressa, i la violència de segons quins delinqüents, una forma distorsionada de bondat; en què les mentides d'una bruixa es poden convertir en realitat, i les veritats aparents de la classe benestant del país, en un castell de cartes.

El públic surt d'aquesta mena de teatre de proximitat impressionat, revigoritzat i excitat.

Catalunya, segons *Una història catalana*, és un univers en un estat de xoc constant.

Una descripció fefaent, a fe.

MATTHEW TREE

EL CATALÀ DE MUNTANYA A
UNA HISTÒRIA CATALANA

En tant que l'obra teatral és representada per ser escoltada, el text teatral és escrit per ser llegit. I malgrat mantenir la voluntat de reflectir sobre el paper la parla viva dels personatges, no podem obviar el mitjà de comunicació, els canals a través dels quals ens arriben els diàlegs en un i altre context.

És per això que al llarg del text d'*Una història catalana* us adonareu dels diferents registres emprats no només a través de l'estil dels personatges sinó també a través de l'ortografia utilitzada. Concretant, i pel que fa al català pirinenc i ponentí amb què s'ha dotat els personatges ambientats en aquest territori, s'ha pres com a base el català estàndard normatiu escrit. I sobre aquesta base s'han aplicat les adaptacions oportunes per tal que el lector pugui aproximar-se a la parla viva dels personatges de l'obra, intentant no perdre gaires llençols en aquesta bugada. Majoritàriament, es tracta de qüestions morfològiques i lèxiques, ja que si intentàvem representar aquí la fonètica que els actors i les actrius van adoptar per a la representació (amb totes i cadascuna de les elisions, tancaments i obertures vocàliques), corríem el risc de destruir la convenció escrita si no la comprensió de l'argument per part del lector.

En aquesta línia, trobareu poques marques d'elisions vocàliques (en l'arrel del verb *d(e)ixar* i en algunes desinències verbals *-(e)ix-; -am, -au*) i cap de les provocades per la fonètica sintàctica, com tampoc les obertures de *e* àtona a principi de paraula. Llegireu *jo, ja, ho, Joan, Josep* malgrat que les pronúncies foren *io, ia, hu, Juan, Jusep* (molt difoses en català), però en canvi sí que hem marcat la vocalització de -j- en contextos com *puiar, fuir* (propi del pallarès-ribagorçà). Hem representat els emmudiments a final de paraula en *hai(g), vai(g), fai(g), vei(g), roi(g)* així com el de la *-r* dels infinitius seguits de pronom (*portà-la, comprà-ho*, etc.), entre altres assimilacions. Trobareu també els demostratius propis de la zona *aguest, aguesta, aguestos, aguestes* i puntualment l'article propi del masculí plural (per exemple, *les hòmens*). Els personatges més muntanyencs també fan la distinció *ací/aquí/allí* i *açò/això/allò*. En general la morfologia verbal respon al català nord-occidental i en determinades formes s'acull al català pallarès. Per últim, i de tant en tant, llegireu *cap* amb el significat de negació *(pas), camí* per *vegada, vas* per *got, padrins* per *avis*, etc.

En qualsevol cas, el model de llengua ha reforçat l'argument de l'obra sense abandonar en cap moment el sentit comú. D'aquesta manera veureu que segons el tipus de personatge i l'ambientació, la manera de parlar li és adient: quan els actors i les actrius fan «d'ells mateixos», representen en la seva manera de parlar; quan són personatges del barri de La Mina, en argot castellà; i a muntanya, en català nord-occidental pirinenc. Com veieu, no hi ha secrets. O sí.

Noëlia Motlló

EQUIP ARTÍSTIC

Direcció	Jordi Casanovas
Escenografia	Sebastià Brosa
Vestuari	Meritxell Muñoz
Il·luminació	David Bofarull
So	Damien Bazin
Caracterització	Toni Santos
Ajudant de direcció	Pere Riera
Assessorament lingüístic	Noëlia Motlló (OLLPP-UdL)
	Ramon Sistac (OLLPP-UdL)
Producció	Teatre Nacional de Catalunya

El Projecte T6 compta amb el suport de:
SGAE i Fundación Autor

Teatre Nacional de Catalunya
Temporada 2010/2011
Direcció artística de Sergi Belbel

Patrocinadors del TNC: TV3 i Catalunya Ràdio

REPARTIMENT:

Una història catalana es va estrenar a la Sala Tallers del Teatre Nacional de Catalunya el 8 de juny de 2011 amb el repartiment següent:

MARTA VERDENY, MERCEDES AMAT: Rosa Boladeras

JOAN DE COMA, ALBERTO PÉREZ «EL CANÍ»: Òscar Castellví

UN HOME: Pep Cruz

JUAN HEREDIA «EL MUERTO», CAPELLÀ, GRAN DELS COMA: Borja Espinosa

LUIS CALANDA MARTÍNEZ «EL CALA»: Andrés Herrera

NÚRIA DE FARRÀS: Míriam Iscla

LAIA DE FARRÀS, NENA DE SEGÚ, JÚLIA AMAT: Anna Moliner

MARE (MARIA DE FARRÀS): Àngels Poch

JOSEP MARIA GALLART, PEDRO SÁNCHEZ «EL MORO», ARTURO AMAT: David Vert

*«De porc i de senyor
se n'ha de venir de mena»*

Dita popular

PERSONATGES

PALLARS

MARIA DE FARRÀS (MARE)
NÚRIA DE FARRÀS
JOSEP DE FARRÀS
LAIA DE FARRÀS
GRAN DELS COMA
JOAN DE COMA
JOSEP MARIA GALLART
MARTA VERDENY
NENA DE SEGÚ
CAPELLÀ

BARCELONA

LUIS CALANDA MARTÍNEZ «EL CALA»
ALBERTO PÉREZ «EL CANI»
JUAN HEREDIA «EL MUERTO»

PEDRO SÁNCHEZ «EL MORO»
MERCEDES AMAT
JÚLIA AMAT
ARTURO AMAT

Nota: A *Una història catalana*, hi ha diàlegs on els actors surten de personatge. Aquests diàlegs estan marcats amb un sagnat diferent i amb el cognom de l'actor que les va dir.

CATALUNYA

DES DE 1979 FINS A 1995

ACTE 1

Escena 1

Pirineus. 1979

Boladeras: Mil nou-cents setanta-nou. Pirineus. Al Pallars. Més o menys.

Castellví: Som en una muntanya. Per allà encara hi ha alguna part nevada. Vaques. Camins de pedra. Un parell de cotxes vells i atrotinats a prop de cases enrunades. Se sent un riu, que és a dos quilòmetres d'aquí.

Verdeny: Piques tu i jo demano per ella.

Gallart: Potser mos hauríam d'esperar que tornés lo Boneta.

Coma gran: Fa dies que no en saben re.

Verdeny: La nena dels de Segú ha anat a parar orella a *jefatura*.

Espinosa: Ara farem que parlem amb un cert accent pallarès. Però nosaltres som més del poble i no el tenim tan tancat com les dones d'aquesta casa.

Vert: Ella fa de la petita de cal Verdeny. La Marta. Ells fan dels germans de cal Coma i jo sóc el fill únic de ca de Gallart.

Verdeny pica a la porta amb força.

Mare i Núria, amb panxa d'embarassada, han parat de fer el que feien. Se sorprenen que hagi vingut algú.

Verdeny: S'ha sentit com han parat.

Castellví: Els copropietaris de la muntanya han rebut una oferta per vendre-la. Hi volen fer una estació d'esquí. Com la de Vaqueira Beret. Que es va obrir el seixanta-quatre.

Els altres el fan callar, que no hi senten.

Castellví: Sabent tot el que diuen d'aquesta casa… A mi, sent un nen tan petit, em faria molta por entrar-hi.

El gran dels Coma agafa el petit de l'espatlla i se l'endú cap a ell.

Gallart: Núria?

Verdeny, *picant a la porta*: Núria Farràs!

Tornen a trucar. Núria contesta de l'altre costat de la porta.

Núria: Qui hi ha?

Coma gran: Som lo gran i el petit dels Coma.

Verdeny: Marta Verdeny.

Gallart: I el Gallart.

Núria: Què ha passat?

Mare: No els dixes passar.

Gallart: Févom un tomb. I al petit de Coma li ha agafat set.

Coma gran: Teniu un vas d'aigua?

Mare i Núria es miren. Núria obre la porta. S'obren les dues portes. Es queden uns instants mirant-se, Núria encara no sap si deixar-los passar.

Gallart: Podem entrar?

> *Núria s'aparta. Entren.*

Gallart: Feve temps que no veniva en aguesta casa.

Coma petit: Si que ho tenen net, no?

Coma gran: Calla.

Gallart, *per la panxa*: Com va això, Núria?

Núria: Bé.

> *Núria agafa un got de vidre i el posa sobre la taula. Agafa un càntir i hi aboca una mica d'aigua.*

Coma petit: Prenc?

Coma gran: Fes. Va.

> *El petit dels Coma agafa el got d'aigua i se'l beu.*

Verdeny: On tens lo Boneta?

Núria: É fora. Treballant. *(Pausa.)*

Mare: Ja està, doncs.

Verdeny: Me'n pots posar un vas a mi? És que també tinc set.

> *Núria agafa un altre got i el posa sobre la taula.*

Núria: Vatres ne voleu, també?

Coma gran: Sí.

Gallart: Sí…

> *Serveix la resta de gots d'aigua a tots. Ningú sembla que vulgui dir res.*

Castellví: El Boneta és el marit de la Núria. Ella ara té vint-i-cinc anys. Contrabandista com tots els que han viscut a casa Farràs. Poca cosa més s'hi pot fer, aquí. Passa tabac i whisky de França a Espanya, amb un Land Rover verd fosc. Fa dies que no en saben res.

Mare: Ja us hau begut l'aigua?

Coma gran: Sí.

Coma petit: Sí, sí. *(Silenci.)*

Gallart: Vau rebre la carta per a tots els copropietaris?

Mare: La vam rebre, sí.

Verdeny: I què hi dieu? Teniu ganes de venre?

Núria: Per això hau vingut?

Mare: No en teníveu cap, de set, doncs?

Coma petit: Jo sí...

Gallart: Tothom diu que l'oferta é molt bona. I l'empresa é de Barcelona. Diuen que de fiar.

Coma gran: Mos donen per comprar dos cases a Tremp.

Mare: No volem atres cases, natres. Aquí tenim de tot.

Núria: Sí, tenim de tot. No venem.

Mare: Va.

Coma gran: Tenim dret a traure profit de les nostres terres. Prò ham de pactar tots els copropietaris.

Mare: No hi pareu mai a la muntanya. No teniu cap dret a decidir què s'hi ha de fotre o no. La muntanya é nostra. Tota.

Gallart: Ei, ei, ei... Les famílies que van firmar fa cent anys són les mateixes que som aquí.

Verdeny: Tots tenim escriptures. I sumem majoria.

Mare: Venre's la muntanya. Mals catalans. Les escriptures us haurien de cremar a les mans.

Verdeny: Cony de bruixa.

Coma gran: Tranquils...

Gallart: Calma-la, Núria... Estem parlant.

Núria: Que es calme ella.

Verdeny: I que no em mire així. M'està fent *algo*...

Mare: No et miro de cap manera.

Coma gran: Volem tractar amb lo Boneta. *(Silenci.)*

Coma petit: Lo Boneta, sí. *(Pausa.)*

Núria: No hi é. *(Pausa.)*

Gallart: Lo Boneta hi està d'acord.

Coma gran: Mos ha dit que vol venre. *(Pausa.)*

Núria: Lo Boneta no us ho ha dit això.

Mare: La casa é dels de Farràs. Ell no hi té drets.

Núria: Que no ho ha dit, Mare. É mentida. *(Pausa.)*

Gallart: Al casinet. L'atre dia en vam parlar. *(Pausa.)*

Núria: Així t'ofegues amb ta llengua mentidera.

Gallart: Núria, per favor...

Coma petit: 'Nem...

Verdeny: Esperem que torne el Boneta per parlà'n plegats.

Mare: Ella é filla de Farràs i ella mane a ca de Farràs.

Verdeny: Li hai dit que no em mire d'aguesta manera.

Mare: Fugiu. Fugiu d'aquí.

> *La Mare, amb una escombra, li venta uns cops als peus.*

Verdeny: No em toqueu. Ho veieu. Són bruixes.

Núria: Ma mare no é cap bruixa.

Verdeny: Bruixes!

Mare: Fora! Fora tots d'ací!

Verdeny: Bruixes!

Gallart: É a punt de parir. No li convenen sobresalts. Surt, Marta!

Verdeny: No em toqueu.

Mare: Fora!

Verdeny: Ja me'n vai! Ja me'n vai!

Verdeny surt. Els altres es queden parats dins de la casa...

Núria: Marxeu. Ja ho ham parlat tot.

Gallart: No. Encà' no ham parlat re.

Les pistoles treuen el cap per davall de les jaquetes. Coma gran tanca la porta.

Verdeny: Cova de cabrons, això. Amb son pare no s'hi podive tractar. Un bon tros de fill de puta. La mare va quedar tocada quan ell va desaparèixer. Fot vint anys, ja. I la filla, que semblave llesta i que se'n sortirie, mi-te-la... Sol hi fot pudor de tancat aquí dins. No us cregueu re del que diguen. Mala gent.

Coma gran: Ho hau de compendre... Aguesta dels Verdeny, arrai. Prò natres tenim la família amb quatre rals. Vatres també 'neu justos. Turisme. Un futur parc natural. Prometen apartaments d'*alto standing*, bones carreteres i tindre un hospital a la vora.

Núria: Veneu, si voleu, vatres.

Coma gran: No, no, no... Sense la vostra part, la muntanya no val re. Teniu lo camí i la part de baixada.

Gallart: Núria... Aguesta oferta é massa bona per tot lo poble.

Núria: No venem.

> *Gallart s'asseu a taula. Es treu un paper de la butxaca.*

Gallart: Ham portat lo contracte. La proposta venç en dos dies. Ja ham signat tots.

Núria: T'hai dit que no venem.

Gallart: Si no signeu, al poble hi ha moltes persones que acabaran emprenyades. I ja sabem com les gasten alguns… Són capaços de fer coses.

Núria: Lo Boneta també é capaç de fe'n moltes, de coses.

> *Silenci. Truquen molt fort a la porta. Núria vol obrir però Coma gran no li ho permet.*

Nena de Segú: Núria?

> *Coma obre la porta. És la Nena de Segú.*

Nena de Segú: Han trobat lo Land Rover del Boneta. Se diu que potser l'havien enganxat els guàrdies civils.

Núria: L'hau vist? Hau parlat amb ell?

Nena de Segú: Lo Land Rover s'ha estimbat muntanya avall i s'hi ha calat foc.

Núria: Fora! Fora!

> *Els del poble se'n van de la casa. Gallart mira de plànyer Núria però ella no en vol saber res.*

Nena de Segú: A casa meua ja diven que l'home no els duraria. Diuen que es lliguen amb mals hòmens. I que sempre acaben malament.

Verdeny: Lo pare. Josep de Farràs. Ere un tros d'animal. Diuen que li havie clavat més d'una bona estomacada a la dona.

Nena de Segú: Els meus pares diuen que els padrins havien vist a Josep de Farràs matar uns quants maquis després de la guerra. I també *vàrios* guàrdies civils.

Verdeny: Diuen que ere capaç de menjà's un *jabalí* cru si havie de fer nit a la muntanya i no tenive per cunyar.

Nena de Segú: Diuen que portave sempre l'escopeta carregada. I a l'empunyadura, una osca per cada un dels que havie mort. En una baralla, va donar mort als padrins de Coma que no volíven pagar per passar pel camí de ca de Farràs.

Verdeny: Tot lo poble el temie. Prò quan va néixer Núria, ara fa més de vint anys, va desaparèixer. Lo poble des de llavons està més tranquil. Prò ja no se'n fie ningú dels hòmens que tracten amb les bruixes de Farràs.

Escena 2

Barcelona. 1979

Herrera: Hace unos años trasladaron los campamentos de chabolas… Montjuïc, La Perona, Campo de la Bota, Somorrostro… A este nuevo barrio. Doscientas familias por bloque.

Herrera surt per la porta.

Vert: Ahora. También aquí es mil novecientos setenta y nueve. Y nadie se quiere acercar. Es un barrio sin ley. Y yo hago de uno que está esperando a ver cómo ha ido el golpe.

Calanda: ¡Moro! ¡Abre!

Muerto: ¡Moro, coño!

Entren Cani per la porta, el porten en braços Calanda i el Muerto. Pedro el Moro ja era dins i els havia obert la porta.

Pedro el Moro: Mecagon su puta madre, ¿qué coño ha pasado?

Calanda: Le han disparao los picoletos.

Cani: Unos cabrones, Moro... Unos cabrones... *(Nota el dolor.)* Ah...

Muerto: Trae eso...

Pedro el Moro: ¿El qué?

Muerto: El banco ese, venga...

Calanda: Todo va a ir bien...

Cani: Estoy bien...

Calanda: Te vas a poner bien.

Muerto: No hables.

Pedro el Moro: ¿Y los otros?

Calanda: ¿Qué?

Pedro el Moro: ¿Qué ha pasao con los otros, coño?

Muerto: Al «Grabi» y al «Fito» se los han cargado los chutis.

Calanda: Y «el Mosca» no sabemos si también o ha podido najarse.

Muerto: Estaban ahí.

Calanda: Nos estaban esperando.

Pedro el Moro: ¿Quién?

Calanda: La madera y los picolos.

Cani: ¡Cala!

Calanda: Estoy aquí. Todo va a ir bien.

Cani: Tengo sed.

Calanda: Está bien, no pierdas la sed. *(A Muerto.)* Trae el agua.

Pedro el Moro: Hijos de puta... ¿Y El Grabi ha palmao?

Calanda: ¡Trae el agua!

Muerto: No sé dónde está.

Calanda: Pilla lo que pilles.

Muerto: Ya.

Pedro el Moro: ¿El Grabi la ha palmao?

Muerto: El primero.

Pedro el Moro: ¿Seguro?

Muerto: Tres balazos le han pegado en el pecho.

Cani: ¡Ah! Cuidado, que duele.

Muerto: Tranquilo. Bebe…

Cani: ¿Qué es esto?

Muerto: Bebe…

> *Cani beu. Pausa. Es calmen. Calanda li llença una bossa d'esport a El Moro.*

Calanda: El Fito tenía la guita. Ni les han dado tiempo a sacar los hierros que ya estaban en el suelo. Estábamos lejos, esperando en la esquina con el carro. El Cani ha pillao la bolsa. Pero nos han salido por detrás. ¿Hay?

> *El Moro mira dins de la bossa.*

Pedro el Moro: Hay.

Calanda: Y le han dao al Cani antes de meterse en el carro.

Muerto: Hijos de puta.

Cani, *pel dolor***:** ¡Joder! Un pico. Quiero un pico.

Calanda: No, que te duermes.

Cani: Un pico. ¡Por favor!

Muerto: Mira.

Calanda: Mierda.

Cani: ¿Qué pasa? Yo estoy bien, eh.

Calanda: Eso no lo podremos sacar.

Muerto: Eso está muy, muy feo...

Cani: Sólo quiero un pico.

Calanda: Ahora te llevamos a un hospital.

Cani: Que estoy bien. Un pico, sólo.

Muerto: Que no, te ha dicho.

Calanda, *a el Moro***:** Ayúdame. (*A Muerto.*) Muerto, véte arrancando el raca.

Pedro el Moro: Una mierda. De aquí no se pira nadie. Chutadle si quiere. Si lo llevamos al hospital nos trincan a todos.

Muerto: La va a palmar si pierde más sangre.

Pedro el Moro: Pues si la palma, rezamos por él, por el Grabi y por el Fito y punto.

Muerto: ¿Qué dices?

Calanda: Ya sabes que yo no rezo.

Pedro el Moro: Pues rezamos él y yo. Si tenemos un choto, nos trincan con sólo salir del barrio.

Calanda: ¿Qué choto?

Pedro el Moro: Habéis dicho que os estaban esperando. ¿Verdad o no, coño?

Calanda: Moro. ¿Estás mandando?

Pedro el Moro: Estoy pensando.

Calanda: Estás mandando.

Pedro el Moro: El Grabi ya no está y alguien lo tiene que hacer.

Calanda: El Grabi aún está caliente…

Pedro el Moro: Pues a joderse. Haber esquivado las balas. Chútale un buen picotazo o pégale un tiro y nos largamos de este rinchi.

Cani: Dame algo, Muerto, por favor.

Muerto: Bebe, Cani. Cógelo.

Cani: No puedo.

Muerto: Cógelo.

Pedro el Moro: Si te da miedo lo hago yo.

Calanda: Ni te acerques.

Pedro el Moro: Es lo mejor. Hazme caso.

Calanda: ¿De qué coño hablas?

Pedro el Moro: Tengo mejor trato con los turcos. Lo sabes.

Calanda: No, no, no, no, no… Yo de eso no sé nada de nada. Yo sólo sé que aquí las cosas uno se las tiene que ganar. ¿Estàs dispuesto a hacer lo que tienes que hacer pa' ganártelo?

Pedro el Moro: Siempre estoy dispuesto.

> *Muerto deixa estar Cani perquè s'adona que està a punt de començar una baralla entre Calanda i el Moro. El Moro llença la bossa amb els diners a un racó del magatzem.*

Cani: No, Muerto, no me dejes aquí tirao…

> *La imatge es congela.*

Vert: Juan Heredia, el «Muerto». Le llaman así porque ya tendría que haber muerto tres veces. A los tres años, se hundió en una bañera sin saber nadar. Golpeó con el pie derecho el tapón. Y se salvó. A los catorce años. Después de un tirón, un guardia civil le disparó a la altura del corazón. Una pitillera de plata que había en el bolso paró la bala. Y la tercera, fue Calanda quien lo salvó.

Espinosa: Luís Calanda Martínez, «El Cala». Todos saben que es uno de los mejores navajeros del barrio. Lleva tres cuchillos. Uno en la cintura, otro en una bota y el tercero nadie sabe. Tras la muerte de su madre, se fue a vivir con su tío y sus primos. Nunca le trataron como a uno de los suyos porque su padre era payo.

Herrera: Pedro Sánchez Montoya, «El Moro». Cada vez que El Grabi iba a tratar con los turcos para entrar el caballo en la ciudad, él le acompañaba. Posiblemente porque es un hijo de puta cortando cuellos y por su cara de moro. Ahora, sin El Grabi, puede hacerse con la mitad del tráfico de coca y heroína del sur de Barcelona. Y lo sabe.

Castellví: El Moro lleva una navaja en el bolsillo de atrás. El Muerto no es muy rápido, pero Calanda sí. El Moro sabe que será una pelea desigual. Sabe que el Muerto se le va acercar por detrás. Sabe que Calanda siempre tira con la mano izquierda. Espera a que el Muerto vaya más lento para poder esquivar el primer envite de Calanda, rajarle la yugular, girarse y pinchar al Muerto en el estómago.

> *Escenifiquen amb gestos a càmera lenta el que* Castellví *narra.*

Pedro el Moro: Eso espero.

> *Tornen tots a la posició inicial.*
>
> Calanda *i* Muerto *es llancen al damunt del* Moro. *El fereixen, però* Calanda *en surt amb un tall.*
>
> *El* Moro *ha quedat mort a terra.*

Calanda: Venga. Vamos a llevar al Cani a Bellvitge.

Muerto: Lo van a colocar.

Calanda: Antes que se lo lleven pa' dentro, lo sacamos. Cosa mía.

Muerto, *a* Cani: ¡Te vamos a sacar de aquí!

Cani: Muerto…

Muerto: A partir de ahora eres tú el jefe, Calanda.

> *Títols de crèdit: Una història catalana*

Escena 3

> *Pirineus. 1979*
>
> *Cementiri. Sonen les campanes. Núria i Mare dempeus davant d'un Capellà, d'esquena, que diu unes oracions.*

Poch: A l'*enterro* del Boneta no hi ha vingut ningú. Només la Mare i la Núria. La Núria no ha pogut plorar.

Capellà: I aguest se mos presente com lo gran misteri de la mort i la vida. I avui no només mos reunim per acomiadar el nostre germà, mos reunim per celebrar la vida…

Mare: Nave a venre a esquenes nostres. No mos podem refiar de dingú.

Capellà: Una nova vida que il·luminarà aguesta família amb un raig d'esperança. Aguanteu amb força i valor. Les vostres conviccions potser fins les sentiu flaquejar. Però hau de veure que és una nova prova que la vida us propose…

Mare: Sort que en tenim de tu.

Núria: Mare, no hi torneu.

Mare: Lo mal parit de ton pare m'haguere matat si no haguesses aparegut.

> *Núria no diu res. No contesta.*

Mare: Plora, filla. Plora si ho necessites.

> *La Mare li dóna un mocador a Núria, però aquesta no el necessita. Núria no plora.*

Capellà: I ham de seguir l'exemple d'un Jesucrist que va saber sacrificar-se per tots nosaltres.

Vert: A la sortida, l'únic que s'espera és en Josep Maria Gallart. Fa uns deu anys els Gallart van deixar la masia per anar al poble. En Josep Maria havia passat hores jugant al marge del riu amb la Núria.

> *Gallart espera pacient fora de l'Ermita. Es pentina i s'arregla.*

Capellà: Que la gràcia, la misericòrdia i la pau de nostre senyor Jesucrist us acompanyen ara i sempre. Amén. En el nom del pare, del fill i de l'esperit sant. Aneu-se'n en pau.

> *El Capellà clou la missa. Paren les campanes. Núria i Mare se'n van cap a la casa. Núria, en veure Gallart, demana a la Mare que els deixi uns minuts sols al banc de prop de la casa.*

Gallart: Me sap molt de greu. T'acompanyo en el sentiment.

Núria: Gràcies.

Gallart: Si necessites alguna cosa… Només m'ho has de dir.

Núria: De debò es volie venre la casa?

Gallart: Lo Boneta?

Núria: Sí.

Silenci.

Gallart: Lo Boneta baixave sovint al poble i parlàvom tot fent un vas de vi. Prò ere un home que sabie guardar bé els seus pensaments.

Núria: Així, no ho sas.

Gallart: Sí. Sí que ho sé. D'això en vam parlar.

Núria: Dons vui que em contestes.

Gallart: Núria, lo Boneta no hi é. Als Coma i als Verdeny no els costarie gaire venir a cobrà's lo que se'ls deu. Necessitaràs protecció. Jo aviat seré un home important. I no et servirà de re parlà'm amb aguestes maneres.

Núria: Com t'ho hai de preguntar?

Gallart: Amablement. Sóc lo Gallart. Fa molt de temps que ens coneixem. *(Pausa.)*

Núria: Doncs diga-m'ho, Gallart. Sisplau.

Gallart: Molt bé. Què vòs que et diga?

Núria: Volie venre la casa el Boneta, sí o no?

Gallart: Lo Boneta coneixie bé els perills de la zona.

Núria: Volie venre?

Gallart: El que has de fer ara é pensar en lo teu fill.

Núria: Volie venre?

Gallart: Aguesta casa sola aquí no aguantarà…

Núria: Volie venre?

Gallart: Núria.

> *Gallart agafa de la mà a Núria.*

Gallart: Sí. Volie venre.

> *Núria s'aixeca, tallant la conversa. Gallart se sorprèn de la seva reacció.*

Gallart: On te penses que vas?

Núria: No vui saber re més de tu.

Gallart: T'hai dit el que volies.

Núria: I ara te n'aniràs.

Núria mira d'anar-se'n, però Gallart l'agafa pel braç.

Gallart: No em dixaràs així, Núria. Me toque a mi.

Núria: Aparta't.

Gallart: Dos dones soles i havent enterrat els marits!

Núria: Marxa!

Gallart: No tens atra opció, Núria.

Núria: Dixa'm.

Gallart: Te dixaré anar quan haguem acabat.

Gallart agafa Núria, però ella no es deixa fer.

Gallart: Mira'm amb bons ulls perquè dingú més te volrà. Tots creuen que ets una maleïda bruixa.

Núria venta una bufetada a Gallart.

Núria: Doncs ja pots anar dient a tot lo poble que Núria de Farràs é una bruixa. Que s'ha trobat lo diable i li ha demanat tots es poders malèfics que li pugue concedir. Ja pots avisar tot lo poble que Núria de Farràs no marxarà si no la cremen enmig d'una pira. *(Pausa.)* I a tu, Josep Maria, fill únic de ca de Gallart, quan te moriràs t'enterraran amb la boca a terra i se't podrirà l'ànima a dintre. Te ho juro.

> *Núria escup a Gallart. Gallart se'n va enfurismat. Núria sent un dolor a la panxa. Arriba a la porta de casa i la Mare li obre la porta.*

Moliner: Aquella mateixa nit, la Núria va trencar aigües. En Gallart va anar cap al poble a explicar que aquella casa realment estava maleïda. Que la Núria havia embogit i que havia pactat amb el diable. I vaig néixer jo, la Laia de Cal Farràs.

Vert: Dos dies més tard, al poble ja es feien reunions. Alguns veïns estaven decidits a incendiar la casa amb les dones a dins. D'altres pensaven que potser podrien trobar algú que els fes la feina. Potser un exorcista, deien. Les discussions eren vives i acabaven amb crits contra casa Farràs. Però a la tercera reunió van rebre una carta. Signada per la Núria de Farràs.

Núria: Veïns del poble. Veïns de la comarca. Els corders i les vaques de casa Segú i de casa Agulló demà moriran. Per cada un dels pensaments que us vinguen de fe-mos mal als de Farràs, lo diable enviarà una de les seues ombres més pútrides a emportà's la vida d'un dels vostres. Començarà amb lo vostre bestiar. Acabarà amb els vostres fills. Dixeu-nos a les de Farràs soles i en pau i aguestes ombres no us faran re. Natres vetllarem perquè complixen lo tracte. Veïns del poble i de la comarca, no volgueu ser més vius que el diable, us asseguro que hai parlat amb ell i n'é molt, de llest.

Espinosa: Els xais i les vaques de casa Segú i de casa Agulló moriren l'endemà. I la nena de Segú va emmalaltir. Ningú del poble va posar en dubte la carta. Tots clogueren el pacte de no parlar mai més d'aquella història i fer cas del que els demanaven. Mai més ningú no en va parlar. I tampoc mai ningú no va tastar les fulles i l'herba que el bestiar havia menjat.

Boladeras: Si les haguessin tastat, potser haurien endevinat que: un dia abans, la Núria s'havia lleva. Amb les poques forces que li quedaven després d'haver parit, va cuinar un ungüent. Va sortir de la casa, caminant els quilòmetres que la separaven del poble, i va emmetzinar cinquanta passes de camp de casa Agulló. Ah, i la nena de Segú tenia galteres. Hi havia una passa.

Escena 4

El barri. 1979. Calanda, el Muerto i el Cani.

Cani: Salí del hospital después de dos semanas. La bala no tocaba ningún órgano vital, decían los matasanos. Cuando los maderos se quisieron dar cuenta, el Cala y el Muerto ya me habían sacado de ahí. Teníamos la bolsa escondida en el rinchi y toda la vida pa' fundirla, pa' meter y pa' picarnos.

Calanda observa Muerto i Cani.

Muerto: Cani, ven. Ayúdame a dividir to' esto en tres partes.

Cani: ¿Qué?

Muerto: Que vengas. Que aquí hay mucho papel.

Cani va cap a Muerto.

Cani: ¿Te imaginas que palmo antes de poder oler toda esta mierda?

Muerto: Qué la vas a palmar tu, Cani. Vas a tener más vidas que yo, cabrón…

Calanda: Deja la bolsa un momento, Muerto.

Muerto: Voy a hacer las tres partes, pero si tú no quieres la tuya, hago dos. Ningún problema.

Somriuen Muerto i Cani.

Calanda: Nada de partes. Vamos a necesitar toda esta tela junta.

Cani: Pues claro, pa' las putas. Que sean buenas, ¿no?

Muerto: Se te va a secar la anchoa si te gastas todo esto en putas, Cani.

Cani: Yo aguanto más de lo que parece.

Calanda: Lo vamos a necesitar pa' cambiar de negocio. *(Pausa.)*

Muerto: ¿Qué coño dices, Cala?

Calanda: Nos mataron a tres el otro día.

Muerto: Pero para bien. El Grabi ya no está. Ningún gilipollas va a tener huevos de quitarte el mando.

Calanda: Pues Muerto, si mando yo dejamos esto sin tocar.

Muerto: ¿Estás hablando en serio?

Calanda: Más que nunca.

Cani: ¿Y de qué nos va a servir si no la gastamos, Cala?

Calanda: Aún no lo sé. En eso estoy. Pero nos va a servir. Vivimos entre ratas y las ratas viven mejor que nosotros. Por estas que salimos de aquí. Esto va a ser nuestro billete de ida.

Muerto: A ver, Cala. Un momento. Si no sabes cómo. ¿Qué hacemos? ¿Lo guardamos aquí hasta que se pudra? *(Pausa.)*

Calanda: El otro día conocí a una chavala en un chiringo de la playa. Se me puso bien y la invité a un tiro. Me pidió más pa' su hermano. Me dio su dirección. Ya te digo yo, gente de pasta. Y saben cómo usarla. Pues esta noche se la vamos a vender sin cortar y nos vamos a sacar mucho más que en la calle. Y jaco también, Cani, que a estos pijos les gusta más que los caramelos. No les importa gastar si saben que es buena.

Cani: Cala. Vale que no lo gastemos en putas, pero prométeme que esta noche nos vamos a follar unas pijas que no sean cardos. Que estoy sin meterla de hace tres semanas.

Calanda: Se va a intentar, Cani. Se va a intentar. Pero sin nervios, ¿vale? Nos fijamos y preguntamos. Después ya veremos.

Muerto: Cala, a mí esta gente no me gusta. Nos pueden meter en un jari.

Calanda: Si se ponen tontos, les vaciamos la queli y les choramos lo que tengan.

Vert: El Muerto es quien tiene más habilidad con la ganzúa. Se ha agenciado un Seat 1430. El Muerto baja la ventana del copiloto y el Cani entra pegando un salto. Dentro, se pincha con una jeringa. Calanda se pone guapo y guarda su peine en el bolsillo del pantalón.

Castellví: Este es el jardín de la residencia de los Amat. La casa está muy cerca de la clínica Tres Torres. Carlos Amat es un conocido promotor inmobiliario de Barcelona. Durante sus primeros años, trabajando con su padre, construyeron más de cuarenta parkings en toda la ciudad. Tras cerrar un par de asuntos con los de urbanismo de Porcioles, la empresa se convirtió, exclusivamente, en promotora.

Arturo, amb cua de cavall i polo Lacoste.

Arturo: Yo soy Arturo Amat. El mediano de los Amat. Mercedes, ella, y Júlia, ella. Dentro de quince días voy a dar una fiesta de cumpleaños memorable. Van a venir doscientos amigos. Cincuenta más que en la fiesta de Ricardo. Con un cuarto de kilo me conformo.

> *Se sent el timbre de la porta. Són Calanda, el Muerto i Cani. Mercedes obre la porta.*

Mercedes Amat: Pensaba que vendrías solo.

Calanda: Prefiero venir acompañado si… ya sabes… Vengo cargao de regalos…

Mercedes Amat: Ése de ahí es mi hermano.

Calanda: Juan y Alberto.

Mercedes Amat: Júlia y Arturo. Pasad.

Muerto: Ya nos quedamos aquí.

> *Arturo i Calanda se serveixen unes ratlles, mentre Muerto i Cani es queden, una mica rígids, al costat de les dues germanes. Elles serveixen alguna cosa per beure. S'asseuen a les butaques de ràfia del jardí.*

Calanda: Arturo, el hermano, probó la perica y el jaco. Un tiro de cada y se enamoró. Me dijo: el doble pa' dentro una semana. Y nosotros saquemos el triple más que grameando en la calle. Las niñas nos sirvieron algo de beber.

> *Calanda esnifa una ratlla.*

Júlia Amat: ¿No queréis nada?

Cani: ¿Qué tenéis?

Júlia Amat: ¿Whisky va bien?

Calanda: El Arturito me contó que trabaja con su padre. Que le tiene en el patronato de un consejo o en el consejo de un patronato. No me dijo muy bien a qué se dedicaba. Creo que ni él mismo lo quiere saber.

Muerto: ¿Vuestro viejo construyó esta casa?

Júlia Amat: ¿Viejo?

Mercedes Amat: Y otras muchas.

Muerto: ¿Con sus propias manos?

Arturo: Hombre, no.

Mercedes Amat: No.

Cani: Habrían más, ¿no?

Calanda: ¿Pero empezaría como albañil?

Muerto: Pues mi padre hizo mi casa.

Calanda: ¿Encofrador?

Júlia Amat: ¿Sí? ¿Es paleta?

Arturo: No, no…

Mercedes Amat: Él pone la pasta.

Arturo: Empresario.

Muerto: No. Lo fue en ese momento, ¿entiendes?

Júlia Amat: Claro, para sobrevivir…

Muerto: Un ladrillo encima de otro e hizo la casa.

Mercedes Amat: Él es el que pone el dinero. Contrata a los albañiles, a los arquitectos…

Calanda: ¿De dónde saca la pasta, pa' ponerla?

Muerto: ¿Y tú qué estudias?

Arturo: De los bancos.

Julia Amat: Voy a estudiar derecho. Empiezo el año que viene…

Mercedes Amat: Del banco, claro. La pide al banco.

Arturo: El edificio lo vende y el beneficio lo invierte en otro edificio.

Muerto: ¿Cuántos años tienes?

Júlia Amat: Diecisiete.

Mercedes Amat: Tú pides veinte al banco.

Muerto: Diecesiete...

Calanda: Sí.

Mercedes Amat: Inviertes estos veinte. Ganas cien. Devuelves cuarenta.

Arturo: Es fácil.

Júlia Amat: ¿Y, tú?

Calanda: ¿Qué hace el banco?

Arturo: Nada.

Muerto: Ocho más que tú.

Mercedes Amat: Pone la pasta.

Júlia Amat: ¿No estás casado?

Calanda: ¿Y si yo quiero ser el banco?

Arturo: No puedes.

Muerto: No.

Mercedes Amat: Hace falta mucho dinero.

Júlia Amat: Pensaba que os casabais más jóvenes...

Calanda: Un suponer. Yo soy el banco, y quiero ganar los cien. ¿Qué tengo que hacer?

Muerto: No, no…

Arturo: Es más difícil. Faltan permisos. Recalificaciones.

Mercedes Amat: Eso lo sabe nuestro padre.

Calanda: ¿Dónde está ahora vuestro padre?

Muerto: Cómo se dice que está bueno.

Mercedes Amat: Se ha ido un par de días fuera. Están en la torre.

Júlia Amat: Què?

Muerto: Que cómo se dice que esto está muy bueno en catalán…

Júlia Amat: Això està molt bo.

Muerto: «Esto està molt bo», Cani.

Cani: Esto qué es, en catalán, ¿no?

Muerto: Suena… ¿Cómo se dice…? Exótico, eh…

Cani: «Esto està molt bo.»

Muerto alça la copa.

Muerto: Por las rubitas catalanas.

Calanda: Y por nosotros también.

Brinden.

Cani: Y tres copas más tarde, las hermanas ya querían saber todo de nosotros. Les ponía que les contáramos nuestros atracos. Pero a mí me daba que esos dos cabrones no iban a compartir.

Arturo acaba de servir-se una ratlla. Música.

Mercedes Amat: ¿Cómo es el barrio?

Calanda: Como todos. Con calles. No tiene na' de especial.

Cani: El barrio está de cojones, Cala.

Mercedes Amat: Me gustaría verlo.

Júlia Amat: ¿Habéis estado alguna vez en la cárcel?

Calanda: ¿Qué quieres ver tú?

Muerto: No. A nosotros no nos pillan, guapa…

Mercedes Amat: Cómo es.

Júlia Amat: Pero, ¿robáis o no?

Calanda: Pues joder, hay mucho ruido. Cosas tiradas. Familias que hacen fuego en el quinto piso. No te va a gustar.

Muerto: Bueno. A veces.

Júlia Amat: Es que el otro día, a una amiga, le robaron el bolso cerca del Pokin's de Calvo Sotelo.

Mercedes Amat: No he ido nunca.

Calanda: ¿Y pa' qué tienes que ir?

Cani: Nunca trabajamos tan arriba.

Muerto: Eso ya ni el Cani lo hace…

Mercedes Amat: Para conocer otras cosas, no sé.

Calanda: Pero, a ver… tú si quieres te puedes ir a, no sé… a Nueva York, si quieres, ¿no?

Júlia Amat: ¿Tenéis pistola?

Cani: Pipa, sí, ¿no?

Muerto: Bueno. Sí. Alguna cacharra tenemos.

Júlia Amat: ¿Habéis matado a alguien?

Mercedes Amat: Ya, pero no es lo mismo… a Nueva York pueden ir mis amigas…

Muerto: Bueno…

Calanda: ¿Tú quieres que te lleve?

Júlia Amat: Bueno, qué…

Mercedes Amat: ¿Nos llevarías?

Calanda: Yo te llevo.

Muerto: Que cada uno se sabe lo suyo, ¿no?

Júlia Amat: Venga...

Mercedes Amat: ¿Cuándo?

Muerto: Pues me tendrás que dar algo bueno pa' que te cuente yo también...

Júlia Amat: ¿Qué quieres?

Calanda: Vamos a ir la semana que viene y luego te invito a cenar, ¿entiendes?

Muerto: Pues sorpréndeme...

Mercedes Amat: ¿A cenar?

Calanda: ¿Sí o no?

Cani: Muerto, coño, que nos sorprenda a los dos, ¿no?

Júlia Amat, *riu***:** Sí, claro... Venga ya...

Mercedes Amat: Júlia... nos van a llevar a visitar su barrio.

Júlia Amat: ¿Seguro?

Mercedes Amat: Va a ser divertido.

Calanda: Y la semana que viene me presentas a tu padre, que le pido tu mano, preciosa…

Riuen. Es pensen que és una broma.

Muerto: Cerremos el trato con el Arturito. Nos llevamos a las pijas a dar un rulo por el barrio. Se pusieron cachondas como perras al ver cómo dirigíamos. Calanda se folló a la Merche, yo me follé a la menor.

Calanda: La semana siguiente, me presenté con la manteca en el despacho del padre de Merceditas. «Yo tengo una idea. Esta bolsa está llena de jurdeles. ¿Podemos hacer negocios, señor Amat?»

Cani: En un año ya llevábamos la seguridad de catorce obras. Estrené mi primer coche comprado. Un Renault Cinco Copa Turbo de color rojo. Con un puto alerón detrás. Por la autovía de Castelldefels. En ocho segundos a los cien. Ciento cincuenta, y ya nadie me podía ni seguir. Lo puse a doscientos treinta por hora. Me comí un camión. De la Bimbo. Me cago en su puta madre…

En una bar musical. Calanda i Mercedes es morregen.

Mercedes Amat: Me voy a casar en verano.

Calanda: ¿Con quién?

Mercedes Amat: Con un compañero de la facultad. No lo conoces.

Calanda: Me estás vacilando. ¿Qué pasa? ¿Ya no te gusto?

Mercedes Amat: Ya he terminado la carrera. ¿De qué te extrañas?

> *Mercedes li fa un altre petó.*
>
> *Mercedes se'n va. A Calanda no li ha fet gaire gràcia.*

Escena 5

> *Pirineus. De 1979 a 1987.*

Poch: Després dels fets succeïts al tros de casa Agulló, la Núria va tallar el camí per dalt i per baix, va tornar a casa, li va fer un petó a la Laia i va dormir tot un dia sencer. Quan es va despertar, va seure tot un altre dia a la cadira del menjador, mirant-se la seva filla. Però la mare, que és la dona que interpreto jo, tenia ganes de venjar-se de la mala estona que el Gallart havia fet passar a la Núria.

Núria: Dixeu l'escopeta.

Mare: Sento sirolls cada dos per tres. Millor que baixa i ja estarà.

Núria: Mare, no sortiu.

Mare: Tu, seu i reposa, i dixa'm fer.

Núria: Vol fer com pare?

Mare: T'han fet parir abans d'hora.

Núria: Pare us pegave, mare.

Mare: I feve molt de mal, sí, el fill de puta. Prò també dixave aguella colla ben lluny de casa. Lo cap de casa te l'obligació de fer fuir aguells que volen mal a la casa.

Núria: Jo vai fer fora pare només naixent. Doncs dixeu-me ser el cap de casa, ara. Sempre hau dit que era especial.

Mare: Sí, prò no te'n vòs taleiar. Et vei poruga i amb poca sang. Lo Boneta et feve anar per on volie i si no hagués passat tota aguella desgràcia t'haguere fet venre.

Núria: No m'haurie fet venre.

Mare: N'estàs segura?

Núria: Estem parlant de coses que ja no passaran, mare.

Mare: Prò podrien haver passat.

Núria: No m'haurie fet venre.

Mare: Aquí només hi puie gent que vol penre'ns lo que é nostre. Lo que els hi ham de dixar clar é que no poden puiar. Que si ho fan, ne sortiran escaldats.

Núria: Doncs açò ja ho hai fet jo.

Mare: Com?

Núria: Els hai matat vaques i corders i els hai dit que ha sigut un malefici. Ara es pensen que sóc bruixa de debò. No gosaran puiar mai més. Dixeu l'escopeta.

Mare: Els has dit que ets bruixa? Tu no ho ets cap, de bruixa.

Núria: Ja ho sé.

Mare: No s'ho creuran.

Núria: Sí que s'ho creuran. Són supersticiosos. Fa dos dies que no passen de l'arbre dels dos troncs.

Mare: Segur?

Núria: Vai tallar el camí. Dingú no ha tocat re.

Mare: Si no els fas re més, sí que puiaran.

Núria: Seieu. Sé el que hai de fer. Mare, necessito que m'ajudeu perquè a Laieta no l'enverinen amb la seua mala sang. Cal mantenir Laieta lluny d'aguest món. Allà a fora la gent només se mou per tenir més. Pels diners mos vulrien matar, mare. No vui que Laieta tingue aguestos desitjos. Per això no baixarem mai més al poble. Per això no sortirem mai més d'ací.

Mare: Està molt bé filla. Me semble bé. Prò quan sigue gran se'n taleiarà que li falte alguna cosa.

Núria: Laieta no ha de saber re. Ha de pensar que aguest é tot lo món que existix. Quan sigue gran li portaré l'home que li sigue adequat. Un que es porte bé amb ella. Prò ara el que ham de fer é convertir aguesta casa en un lloc alegre. Ham d'oblidar les morts i el poble. Laieta ens portarà plors i riures a partir d'ara. Podem viure felices amb el que tenim. I ho serem, mare. Serem felices.

Mare: Així m'agrade, filla. Ara m'agrades. Ara sí que manes a ca de Farràs.

> **Iscla:** Els del poble no van rebre cap més oferta per comprar-los la muntanya. Els fills de les cases no volien continuar treballant la terra. I les morts, de tant en tant, de part del seu bestiar per culpa dels «maleficis» de la Núria van fer fugir algunes de les famílies.

Verdeny: Els de Segú se'n van passat l'istiu. A Barcelona.

Gallart: Que els hi aprofite. Hi hai anat un parell de camins i fot fàstic.

Verdeny: Els de Coma diu que es queden. Prò el germà gran i el pare se'n van a treballar a l'estranger.

Gallart esbufega.

Verdeny: Les hauríam d'haver esclafat quan mos van fer l'oferta. Sense avisà-les. Ara, cornuts i a pagar el beure.

Gallart: Marta, Marta. No ens coste re fer el que diuen. I estarem tots en pau. Potser d'aquí un temps s'ho repensen i ens treuen de damunt aguest mal d'ull. Llavons farem del poble un lloc pròsper.

Verdeny: N'estàs segur?

Gallart: Clar que sí. Aviat raonaran.

Poch: I la Laia tenia catorze mesos quan va començar a caminar.

Laia treu el cap per la porta de l'habitació.

Poch: La Núria i la mare treballaven plegades. La mare es cuidava d'explicar a la Laia d'on venia tot. La Núria anava a buscar medicaments i venia ous, llet i embotits passada la frontera.

La mare preparava els ungüents. La Núria els donava al bestiar del poble. I dels homes que havien viscut a la casa, el Boneta i Josep de Farràs, mai més en van parlar.

Moliner: I la Laia ja tenia quatre anys. Amb moltes preguntes per fer. Amb molt per descobrir.

Mare: Massa.

Laia: I això, això que porto… d'on ha sortit?

Mare: Ho ha portat ta mare.

Laia: També?

Mare: Sí, també.

Laia: Prò, d'on ho ha tret?

Mare: Ha pensat que ho volie molt molt fort, ha dit les paraules i ha aparegut.

Laia: Quines són les paraules?

Mare: Només les sap ta mare.

Laia: No me les pot dir? Jo també ho vui fer.

Mare: Només ta mare pot.

Laia: Per què?

Mare: Per què… Per la mateixa raó que els taups no serien taups si no visquessen a sota terra i per la mateixa raó que les volaines no serien volaines si no poguessen volar. Doncs perquè, si no, no serie la teua mare. Ella é l'única que té poders ací. Ni tu ni jo podem fer el que ella pot.

Núria: Respondre les primeres preguntes ere senzill. Prò n'anaven venint de més complexes i mare començave a perdre la memòria, a perdre els reflexos, a fe's gran.

Núria, Mare i Laia sopant.

Núria: Va, Laieta. Tens tot lo plat ple, encà'.

Laia: No tinc gana.

Mare: Doncs has de menjar.

Núria: Que en voleu més, mare?

Laia: I per què mengem?

Mare: Sí. Una mica…

Núria: Per fe-mos grans.

Laia: I què passe quan mos fem grans?

Mare: Que et creixeran les popes.

Mare i Núria riuen.

Mare: Passa'm la…

Núria: Què voleu?

Laia: Quines popes?

Mare: Això… per omplir el vas.

Núria: L'aigua.

Mare: Porta.

Laia: Quines popes?

Mare, *tocant-la*: Aguestes d'ací…

Laia: No hi ha ré, ací…

Núria: Encara no… Ja et creixeran.

Mare: Doncs mira'm les meues…

Laia: I per què creixen les popes?

Riuen.

Mare: Perquè se hi fixen les hòmens. Que no miren altra cosa.

Mare riu. Núria no.

Laia: Les hòmens?

Mare i Núria es miren.

Mare: Ja l'hai cagat.

Núria: Quan sigues més gran, t'explicaré què són les hòmens.

> **Moliner:** I van passar sis anys més. L'àvia es quedava sovint a la casa. Perdia la memòria i no recordava ni els camins del bosc ni si havia donat pinso a les gallines. La Núria s'enduia la Laia a veure bèsties. Esquirols, guineus i porcs senglars. Es banyaven al riu quan feia bo. Jugaven a la neu quan feia fred. I duien cada dia les vaques a fer muntanya.
>
> **Iscla:** Però la Núria s'adonava que la seva filla es feia gran.
>
> **Poch:** I que encara que tingués milers de metres quadrats, aquell tros de terra no podia frenar una nena curiosa.
>
> **Iscla:** La Laieta ja tenia deu anys. I creia tot el que li havien fet creure.

Laia: Per què has dixat que la Txica es morís?

Núria: É normal, filla. Hi ha un dia que totes les bèsties moren. Ja ho havíam parlat.

Laia: Me vas dir que de velles. La Txica només tenive tres mesos. Hi ha vaques que són molt més velles que es podrien morir. Fes que se'n more una altra.

Núria: Jo no ho puc fer, açò.

Laia: Sí que pots, prò no ho vòs.

Núria: Laia.

Laia: No t'agrade la Txica.

Núria: Sí que m'agrade.

Laia: Doncs, si t'agrade, fes-la reviure. Si ho vòs molt molt fort segur que reviu. Només tu ho pots fer. Prova-ho.

> **Poch:** La Laia i la Núria se'n van anar cap on jeia la Txica ja morta. La Laia es mirava la Núria amb il·lusió. La Núria es va agenollar i va posar les mans sobre la vedella.

Laia: Va, mare. Fes-ho ara. Digues les paraules que haigues de dir.

> *Arriba la Mare.*

Mare: Què feu?

Laia: Mare farà reviure la Txica.

Mare: Qui é la Txica?

Laia: La vaca més petita, padrina. S'ha mort avui. Va, mare, digues les paraules i fes que torne. É una vedella molt juganera. Segur que somriu quan se desperte.

> *Núria té les mans sobre la vaca però no sap què dir ni què fer. Es mira la seva filla, que té la cara plena d'il·lusió.*

Laia: Va, mare, digues les paraules que la faran reviure. Si vòs les diem totes juntes alhora. T'ajudem. Veritat, padrina?

Mare: Sí, sí… Digues…

Laia: Per què no dius les paraules, mare?

Mare: Quines són les paraules, filla?

Núria: No n'hi ha de paraules.

Laia: I com se fa?

Núria: No es fa. *(Pausa.)* La Txica es va escapar fa dos dies. Va menjar herba del prat passat l'arbre dels dos troncs. Totes en aguesta casa sabem que no podem passar d'allí. Les vaques també ho saben i per això no ho fan. La Txica ere una mala peça. Se'n volie anar. I els dolents de fora l'han enverinat. La Txica no es mereix que la faça reviure. La Txica, a hores d'ara, ja és a l'infern.

> *Laia se'n va plorant. Núria agafa una escopeta i la segueix.*

Poch: La Laia va caminar amb els ulls plens de llàgrimes fins a l'arbre dels dos troncs. Es va mirar la línia imaginària que marcava la frontera. Va agafar unes quantes pedres i les va començar a llençar amb totes les seves forces. El petit dels Coma, el Joan, que ara ja tenia catorze anys, la va veure amagat darrere d'un altre arbre. Va agafar una pedra i la va llençar contra la Laia. Quan la pedra va caure a pocs passos dels seus peus, la Laia va parar de plorar i se'n va tornar cap a casa.

> *Joan Coma mira com Laia se'n va. Però darrere seu apareix Núria, que havia seguit a Laia, armada amb l'escopeta de la casa.*

Núria: Què hi fas tu ací?

Joan Coma: Què? 'Nava de ventre.

Núria: Vindràs amb jo, ara. Passa!

Poch: I la Núria es va endur el petit dels Coma cap al mas de ca de Farràs a punta d'escopeta.

Escena 6

Barcelona. De 1981 a 1987.

Muerto: Llevábamos dos años ya con los trabajitos de seguridad para el Amat. Nosotros colocábamos la nieve que entraba por el puerto en sus obras. Cuarenta él, treinta nosotros y el resto para untar maderos y concejales. Pero al Calanda lo dejó la Merceditas y la cosa se jodió mucho.

Muerto es troba amb Calanda.

Calanda: Me dice: Luis, eres un tipo inteligente, por eso trabajamos juntos. No me joda, le digo. Nos ha utilizado. Lo mismo que tú a mí, Luis, me dice. Que te has follado a mi hija durante dos años, me dice y se ríe. ¿Te crees que tengo ganas de tener a un yerno aunque haya salido de ESADE?, me dice. ¿Qué van hacer este yerno o Arturo con la empresa?, me pregunta. Hundirla, me dice. Si fuera por mí te metía en el despacho de al lado ya mismo y nos hartábamos a ganar dinero, Luis, me dice. Dale tiempo a las cosas, Cala. Quieres ir deprisa y no se puede. Sigamos como hasta ahora, me dice. Los negocios no tienen nada que ver con lo personal, Luis, me dice el hijodeputa. Y yo quiero seguir haciendo negocios contigo, me dice.

Muerto: Siéntate, Cala.

Calanda: ¿Qué quieres?

Muerto: ¡Que te sientes! Vámonos tú y yo y buscamos al Amat. Le damos de patadas o lo pinchamos. Llevas aguantando no sé qué mierdas y te está a punto de petar la vena esta que tienes en el cuello. Todo eso lo tienes que sacar o te conviertes en una puta bomba con patas, Cala.

Calanda: Yo no tengo nada que sacar. Ya sé lo que me hago.

Muerto: Pues serás el único que lo sabe. No te puedo leer el puto pensamiento. No soy el Uri Gheller ese de los cojones, Cala. Lo que te digo. Nos vamos al Tutan y la armamos con los primeros gilipollas que encontremos. Hace tiempo que no nos metemos en una buena pelea y tenemos las facas enrobinadas. No sabes las ganas que tengo de pillar a uno de esos capullos que lleva corbata de piano.

Calanda: Tengo que hablar con ella.

Muerto: No me escuchas.

Calanda: Sí que te escucho, pero me estás cansando.

Muerto: Tú eres como mi hermano, Cala. No te llevo la contraria pa' joderte.

Calanda: Pues si no quieres joderme, no me la lleves y punto. Mercedes no estaba en su casa. Ni en la facultad. Ni en los sitios que íbamos siempre. Me costó tres días encontrarla. La vi. Me pidió que entráramos en un bar, que no quería hablar en la calle.

> *Calanda es troba amb Mercedes. Mercedes no sembla voler parlar amb ell però accepta anar a un bar.*

Calanda: Vente conmigo y te prometo que no te va a faltar de nada.

Mercedes Amat: Luis.

Calanda: No le necesitas.

Mercedes Amat: No.

Calanda: Pues dime tú. ¿Qué quieres?

Mercedes Amat: Es muy difícil.

Calanda: No es difícil. Yo te quiero a ti. Dime la verdad. *(Pausa.)* Que me use tu padre, lo puedo entender. Que me uses tú, no me gusta, Merche.

Mercedes Amat: Yo, no…

Calanda: ¿Qué?

Mercedes Amat: No sé cómo decirlo.

Calanda: Con palabras. *(Silenci.)* A mí me está costando mucho trabajo. Hablar las cosas así. En un bar y con un vichy.

Mercedes Amat: Es que tengo un poco de miedo.

Calanda: ¿Miedo?

Mercedes Amat: Me da miedo que no salga bien.

Calanda: Yo estoy enamorado. Esto es muy nuevo pa' mí. Pero estoy cambiando por ti.

Mercedes Amat: Es que yo no quiero sentirme responsable.

Calanda: Lo tuyo es muy fácil. No te estás jugando nada.

Mercedes Amat: ¿Y tú?

Calanda: Mucho. Pero yo contigo me siento capaz de hacer cualquier cosa. Cásate conmigo. Vamos a tener hijos.

Mercedes Amat: Pues vámonos. Lejos.

Calanda: ¿A dónde?

Mercedes Amat: A Brasil. A Perú, no sé…

Calanda: Yo me quiero casar contigo aquí. Tengo una casa mirada, ya.

Mercedes Amat: ¿Cuál?

Calanda: Una que te va a encantar.

Mercedes Amat: Estoy de casas hasta el coño.

Mercedes se separa de Cala.

Mercedes Amat: Mira, Luis. No quiero que mis hijos tengan primos en la cárcel. Hay cosas que me encantan de ti. Sé que es una gilipollez. Però no puc. No em puc imaginar a tu amb la meva família.

Calanda: Yo con tu familia no quiero nada.

Mercedes Amat: Luis. No lo entiendes.

Calanda: Pues no sé por qué.

Mercedes Amat: Porque tú no eres de aquí.

Mercedes se'n torna a anar.

Muerto: Te avisé. Calanda se plantó en mi keo. Nos fuimos a la discoteca Tutankhamon de Gavà esa misma noche. Le pegué un botellazo a un capullo que estaba en la barra y el Cala se metió con los porteros. La armamos como en nuestros mejores tiempos. Nos metimos en el carro y nos fuimos hasta

Montjuïc. El parque de atracciones estaba cerrado, pero nosotros nos metimos dentro de un salto y medio sangrando. El Cala me abrazó.

Calanda: Eres un hijo de puta.

Muerto: Aquí me tienes. Aguantando.

Calanda: Dame una cerveza.

Muerto: Toma. Aún está fresquita.

Miren cap a l'infinit, a l'horitzó.

Calanda: Da asco pero es bonito a la vez. ¿No te parece?

Muerto: Sí.

Calanda: ¿Sabes qué quiero, Juan?

Muerto: No. Dime.

Calanda: Quiero comprarme este país.

Muerto: ¿Todo?

Calanda: Quiero comprarme la empresa del Amat, Juan. Quiero comprar un polideportivo y un hospital pa' el barrio. Al hospital le pondremos el nombre del Cani. Hospital Alberto Pérez «el Cani». También quiero comprar la ciudad. Y después vamos a comprar todo el país. Vamos a comprar Cataluña.

Muerto: Para eso vamos a necesitar mucha virolla.

Calanda: ¿Hay algo que no podamos conseguir tú y yo?

Muerto: Nada. Menos resucitar a los muertos...

Calanda: Pues eso, Juan. Después de nosotros, catalán va a ser aquel que posea Cataluña. Y ese voy a ser yo. Y al que diga lo contrario, Juan, que le den por el culo.

Brinden amb llaunes de cervesa.

Muerto: Yo me casé con la Verónica ese mismo julio. Nos conocíamos de siempre del barrio. Pero de pequeña era más bien feíta. Ahora tenía unos ojazos negros que me dejaban sin aliento. Y otras cosas que también. Calanda fue el padrino.

Calanda: Empecemos con pocos albañiles. A la mayoría los habían echado de las fábricas casi sin indemnización. Los primeros que contratábamos eran los que tenían huevos de meterse delante de las huelgas sindicales. Yo me apunté a unos cursos: de catalán por las mañanas y de inglés por las noches.

Muerto: Lo primero, reparábamos pisos del barrio que se caían a trozos. Mientras también nos encargábamos, pero de lejos y sin mancharnos, de los otros negocios.

Calanda: La cosa andaba lenta. Las constructoras estaban paradas y si no se podía construir no se podía blanquear.

Muerto: Pero en mil novecientos ochenta y seis, saltó la sorpresa y nosotros estábamos allí a punto para aprovecharnos de ella.

Un: *À la Ville de…*

Els altres: ¡Barcelona!

> *Crits d'alegria. Música de Jocs Olímpics, o la cançó «Barcelona» amb Montserrat Caballé i Freddy Mercury.*

Muerto: Por un lado, el jaco que entraba en Barcelona se multiplicó. Se enganchaban todos, los precios subían. La ciudad empezó a limpiarse. Los yonkis del barrio cayeron como moscas. Algunos ricos, también.

Calanda: Por otro lado, se multiplicaron los proyectos urbanísticos. Empresas que estaban a punto de quebrar, resucitaron como por arte de magia. Todo se podía construir y todo se iba a vender. Y uno ya tenía dudas de si negociar con el Ayuntamiento o con la Generalidad. Los dos nos ponían alfombra roja cuando queríamos entrar.

Escena 7

Pirineus. De 1989 a 1995.

Castellví: La Núria va portar el petit dels Coma fins al mas. El va penjar, lligat de mans, d'un dels ganxos que hi havia a la paret del paller. Era el segon cop que el Joan trepitjava aquella casa. La primera vegada, no en va treure una molt bona impressió.

Joan Coma té les mans lligades i està penjat a la paret. S'ha de mantenir dret posant els peus de puntetes.

Núria: Quants anys tens?

Joan Coma: No hai fet re. De debò, no hai fet re...

Núria: Quants anys tens, Joan de Coma?

Joan Coma: Ara? Catorze.

Núria: Doncs ham estat de sort. De jovenets coste trobà'n. Lo diable mos en demane sovint.

Núria comença a despullar Joan.

Joan Coma: Sisplau.

Núria: Que els hi donem despullats, diu.

Joan Coma: I què fa amb ells?

Núria: No ho sé. Natres fem una rotllana de foc a prop del bosc. Hi dixem lo jovenet a dins i lo diable s'hi aprope. Mos mire amb ulls rois com la sang. Natres ballem, mentre ens mire. Agafe el jovenet i llavons mos fa girar. Mos diu *(amb veu ronca)* «No mireu». Quan passe una estona, lo diable ja no hi é. I el jovenet tampoc. Natres apaguem lo foc i ens untem amb la cenra tot lo cos.

Joan Coma: M'hai de fer càrrec de la meua mare. Només me té a mi.

Núria: Cuides sol de la teua mare?

Joan Coma: Sí. No em faigue re.

Núria: Sas que tenim un pacte amb lo poble. No es pot passar de l'arbre dels dos troncs.

Joan Coma: Jo no hai passat mai de l'arbre. Li ho juro.

Núria: Avui has llançat una pedra.

Joan Coma: Prò només perquè volia jugar.

Núria: Amb qui volies jugar?

Joan Coma: Amb una nena que també llançave pedres.

Núria: I per què volies jugar amb ella?

Joan Coma: No ho sé, per què hi volia jugar. De debò, m'ha de creure. No volia fer re de dolent. *(Silenci.)*

Núria: Molt bé, Joan de Coma. Crec el que em dius. No et faré re, avui. Prò ara tornaràs al poble i no puiaràs mai més. Si tornes a puiar, te donaré al diable perquè faigue amb tu el que vulgue.

> *Joan assenteix amb el cap. Núria deslliga Joan. Joan se'n va corrents. La Mare, però, ha estat observant una bona estona.*

Mare: L'hauries d'haver donat al diable.

Núria: Ja ha escarmentat.

Mare: Què ens farà lo diable si no li donem jovenets? Mos vindrà a buscar a natri.

Núria: No ho cregueu açò, mare.

Mare: Per què no?

Núria: M'ho hai inventat només per espantà'l.

Mare: Doncs tu dius massa coses que no són. Me vas prometre que faries fora de la comarca tots els del poble i vei que encà' n'hi ha.

Núria: Mare, sisplau.

Mare: Si no fas fora els mals esperits, Núria, els mals esperits ens corcaran les cors.

Núria: On teniu Laia?

Mare: No ho sé.

Núria: Us hai dit que la vigilésseu mentre ere amb lo txiquet.

Mare: No m'ho has dit.

Núria: Us ho hai dit prò no us en recordeu, mare.

Mare: Que no m'ho has dit!

Núria: No us en recordeu. No hi toqueu, mare.

> **Poch:** La Laia va veure com de la casa en sortia el Joan tot corrents i esporuguit. Es va quedar deu dies callada i sense parlar. Una nena de deu anys callada i sense fer res era una nena que pensava. Fins aquell moment, la Núria l'havia tingut enfeinada amb tasques a diari. Ara ja no les volia fer.

Núria: Molt bé, Laia. Ja n'hi ha prou. Què et passe?

Laia: Per què em crides? Mai m'has cridat.

Núria: No. No et crido. Va, perdona. Només vui saber per què estàs callada.

Laia: Vui estar callada. Tu també hi estàs sovint, de callada.

Núria: Sí.

Núria es queda davant de Laia.

Laia: Qui ere aguell nen?

Núria: Ere del poble dels dolents.

Laia: Fuie plorant. No semblave dolent.

Poch: La Núria va agafar la Laia pel braç. Van pujar a la moto que encara conservava per pujar el camí fins a la frontera. Van anar cap al poble. Ja era de nit. No hi havia ningú al carrer.

Núria: Aguest poble é ple de gent dolenta, Laia.

Laia no diu res. Només es mira la seva mare.

Núria, *cridant*: Gallart! Verdeny! Coma!

S'obren les portes de les cases del poble. En surten Gallart i Verdeny amb una escopeta cada un. Tots plegats, semblen força espantats.

Verdeny: Fora d'ací!

També surt Joan de Coma.

Gallart: No t'apropes al poble, Núria! Tenim un pacte. Natres complim. Tu també.

Laia es mira a Joan.

Verdeny: Fora del nostre poble!

Núria agafa Laia i se'n van.

Castellví: La Núria va agafar la Laia i se'n van anar cap al mas. La Laia havia vist les pistoles. La mare creia que el dimoni esperava per atacar la casa. La casa es va vestir de fredor i tristesa. De silenci i remors. Però ningú no en sortia. Ningú no hi entrava. Vivien com feia quaranta anys. Enmig del silenci, la foscor i la fredor.

Núria: Ne vòs més, Laia? *(Pausa.)*

Laia: Ja estic tipa. *(Pausa.)*

Núria: Has de menjar. *(Pausa.)*

Laia: No tinc més gana. *(Pausa.)*

Núria: Mare, vós ne voleu més? *(Pausa.)*

Mare: De què? *(Pausa.)*

Núria: De verdura. *(Pausa.)*

Mare: No.

BOLADERAS: Sis anys més tard, la Laia en tenia setze. Va baixar al poble sola per primer cop. Era de nit, també, i va deixar una carta a casa dels Coma. Sí, la Laia havia après a llegir i a escriure ensenyada per la Núria, és clar. I, sí, se'n recordava de la porta per on havia vist sortir aquell altre nen. Al cap de dos dies es trobava a l'arbre dels dos troncs amb el petit de cal Coma.

LAIA ara té setze anys, i JOAN, vint.

LAIA: Vine.

JOAN COMA: No puc passar d'aquí. Ja ho sas.

LAIA s'hi apropa amb cert temor.

JOAN COMA: Què vòs de mi?

LAIA: Fa un temps me vas llançar una pedra. Des d'aguest mateix arbre. Me volies fer mal?

JOAN COMA: Només volia jugar. No sabia que eres la filla de Núria. Si ho haguessa sapigut no l'hauria llançat. Tu també hi tens tractes?

LAIA: Amb qui?

JOAN COMA: Tens poders, tu?

LAIA: No. I tu?

Joan Coma: Què em vòs fer, doncs?

Laia: No re. Què t'hai de vulguer fer?

Joan Coma: L'últim camí que vai passar d'aquí, la teua mare em va començar a despullar i em va voler entregar al diable.

Laia: La meua mare no et va voler entregar al diable.

Joan Coma: I tant. Pregunta-li. Tothom sap que la teua mare é una bruixa. Ha mort bestiar del poble i ha fet emmalaltir minyons. Tothom ho sap. Les famílies han fuit per culpa seua.

Laia: Açò que parles é mentida.

Joan Coma: No em cregues. Jo me'n vai. Si la teua mare em veu per ací farà que se m'emporten.

Laia: Doncs si tanta por tens, per què has vingut?

Joan Coma: Perquè m'ho has demanat tu.

Joan se'n va. Laia també.

Moliner: Durant una setmana, la Laia va agafar una peça de roba i alguna cosa de menjar. Prenia poca cosa perquè no es notés que faltava. Ho va anar ficant en un cistell que tenia amagat al paller. Quan ho va tenir tot a punt, va agafar un ganivet, es va ferir al braç i va anar a cercar la seua mare

Laia fingeix estar espantada. Arriba a la taula on hi ha Núria i Mare.

Núria: Què és açò? Què t'has fet?

Laia, *plorant*: Els del poble han passat de l'arbre i m'ho han fet.

Silenci.

Mare: Mata'ls filla. Mata'ls! Als del poble, mata'ls!

Moliner: Tota enfurismada, la Núria va anar al galliner.

Mare: Mata'ls.

Iscla: Va tallar el cap a tres gallines. Va agafar pintura roja.

Mare: Mata'ls.

Moliner: Va anar cap al poble i va clavar un cap de gallina a cada porta. I hi va pintar una creu girada de color vermell a sota.

Mare: Mata'ls, filla. Que no li tornen a fer mal a Laia.

Núria i Laia no es miren.

Escena 8

> *Barcelona. De 1986 a 1995.*
>
> *CALANDA i MUERTO van molt elegants. Porten els cabells tallats. Semblen banquers.*

MUERTO: Villa Olímpica. Rondas. Aeropuerto. Etcétera. Los años previos a las Olimpiadas el negocio subió sin freno. Nuestros ingresos en la construcción eran tan grandes que pudimos abandonar el tema de las vitaminas sin que lo notaran nuestras cuentas.

GUIRI 1: *Excuse me*. Para ir a Parque Gaudí.

CALANDA: Parque Gaudí, no. Parque Güell.

GUIRI 2: Well, well.

CALANDA: Listen to me.

GUIRI 1: Ok.

CALANDA: Take the subway. Yellow line. The fourth line. To Pep Ventura. Do you understand?

GUIRI 1: To Pep Ventura.

CALANDA: Right.

GUIRI 1: Thank you!

> *Els GUIRIS se'n van.*

Calanda: A chuparla. *(Pausa.)* Sabíamos que todo el mundo estaba metido. Todo el mundo chupaba del bote. Pero trabajaban improvisando. Sin un plan. Esperando que lo arreglara su juez de cabecera. Esto, la verdad, nos sorprendió porque pensábamos que los catalanes eran más listos. Incluso el president no había limpiado bien las huellas en los despachos de Banca Catalana. Nosotros decidimos borrar nuestro rastro.

Muerto: Total. Dividimos la empresa. Pequeñas filiales con un titular de paja.

Calanda: Los del barrio estaban dispuestos a firmar lo que fuese a cambio de treinta mil pesetas.

Muerto: No sé cómo llegó a hacerlo, pero Calanda lo tenía todo bajo control. Sociatas y convergentes le comían de su mano. Por ser fino y no decir que le comían de la polla. Esto no lo pongas. A él, la política…

Calanda: Me importaba una mierda. La política, Juan, no existe. Pero entretiene.

Muerto: Calanda le empezaba a coger el gusto a la coctelería Ideal. Él invitaba siempre y se enteraba de todo: empresas al borde de la quiebra, opciones de compra de multinacionales, deslocalizaciones. Yo, a las siete, me iba a casa. A ver a María y a Lucía. Mis dos hijas. Preciosas. ¿Qué voy a decir, si no?

Calanda llegeix un diari.

Calanda, *li passa el diari*: Mira. El Borrell ese. Ha pillado al Colomer y al De Alonso. Éste último estaba cantado que lo hundían. Treinta mil millones, el gilipollas.

Muerto: ¿Podemos tener problemas, Luis?

Calanda: ¿Qué dices? No.

Muerto: Sólo pregunto.

Calanda: Estamos cubiertos, Juan. Nosotros estamos cubiertos. Toma esto.

Muerto: ¿Qué es?

Calanda: Unos que no lo van a estar. Méteme esto en el expediente de Construcciones Amat.

Muerto: ¿Construcciones Amat?

Calanda: ¿Te suena?

Muerto: Joder, Luis.

Calanda: Mañana presentamos denuncia. No lo esperan. Els agafarem amb els pixats al ventre.

Muerto: ¿No estás enamorado de Anna?

Calanda: ¿Anna?¿Qué Anna?

Muerto: Creía que os íbais a casar.

Calanda: El amor, Juan, está muy sobrevalorado.

Muerto: Pues viniendo de ti, esto es novedad.

Calanda: Venga, Juan. No me aburras.

Muerto: No cuentes conmigo, Luis. Yo creo que ya estamos.

Calanda: ¿Que ya estamos de qué?

Muerto: Creo que es el momento de retirarse.

Calanda: ¿Qué?

Muerto: Lo siento así. Algo me lo dice. Tengo una sensación. Además, tenemos dinero para vivir dos vidas.

Calanda: No me he comprado ni la ciudad, Juan. ¿Qué hay de mi plan?

Muerto: Bueno, Luis. Tú si quieres seguir, sigue.

Calanda: Juan, ¿qué te pasa?

Muerto: Nada. Ya lo sabes. Que quiero estar más con mis niñas. No quiero que se joda todo en cualquier momento. Ya no somos tan rápidos como cuando lo del Moro.

Calanda: Yo sí.

Muerto: Pues yo no. Yo estoy cansado...

Calanda: Bien. *(Pausa.)* Sólo ésta y después haz lo que quieras. Ya sabes que he esperado este momento desde hace quince años.

Muerto: De acuerdo. Hasta aquí.

Calanda assenteix.

Calanda: A principios de los noventa, el secretario de Estado de Hacienda, Borrell, un hombre nacido en La Pobla de Segur, en el Pallars Jussà, empezó una cruzada contra el fraude fiscal. Cayó Pedro Ruiz, cayó Lola Flores... Yo, por mi parte, denuncié a Carlos Amat.

Muerto: Mientras se cursaba la investigación, Calanda compró su empresa mediante un testaferro.

En una cocteleria. Calanda està eufòric.

Calanda: Eres un hijo de puta resentido, Luis, me dice. Estaba rojo. Le iba a explotar la cabeza. Nosaltres complim amb els nostres deures fiscals i contribuïm a construir un país pròsper, senyor Amat, le digo. Me quería matar, pero no podía, Juan. Parecía un perrito caniche de esos que ni ladran, ni muerden, ni ná de ná... Tal farás, tal trobaràs, Calanda, me dice. Tal faràs, tal trobaràs. Hijo de puta. Cómo me reí en su cara, Juan. Le dije: fuera del despacho. No és el teu despatx, és el meu. Ya no, señor Amat. Ya no. Y se tuvo que ir de su propio despacho, Juan. ¿Qué te parece?

Muerto: El hijo. El Arturito. Lo han encontrado esta tarde muerto de sobredosis.

Calanda: Pues vaya semanita para el Amat, ¿no?

Muerto: ¿Has sido tú?

Calanda: Juan. ¿Qué coño es ésto? ¿Me estás acusando?

Muerto: Sólo preguntaba.

Calanda: Yo juego limpio. Voy de cara. Juego limpio siempre.

Muerto: Sí, claro.

Calanda: ¿Quieres un manhattan, Juan?

Muerto: No.

Calanda: Qué mierda quieres, dime que te lo traen.

Muerto: No voy a tomar nada, Luis.

Calanda: Siéntate, Juan. Me estás poniendo nervioso.

Muerto: No me gusta este sitio.

> *Muerto es treu una carta de la butxaca i la dóna a Calanda.*

Muerto: Pactamos que cuando compraras la empresa podría retirarme. Pues aquí tienes mi renuncia formal.

Calanda: ¿En una carta?

Muerto: Para hacerlo oficial.

Calanda: Yo no te dije nada de eso. Me debes una vida, Juan. Te salvé la vida. ¿Ya no te acuerdas? Pues cuando me la salves a mí estaremos en paz. Un trabajito de mierda en los juzgados no es salvar la vida a nadie.

Muerto: No te pases, Luis.

Calanda: No te pases tú. Listo de los cojones. Si te puedes retirar es porque te he dado dinero para poder hacerlo. Sin mí no tendrías ni esto. Ni esto. ¿Te enteras, hijo de puta?

Muerto, *s'asseu*: Luis. Ya vale. Cálmate. Búscate a alguien más joven.

Calanda: No puedo confiar en nadie, Juan. Son peores ratas que las que teníamos en el barrio. Sólo puedo confiar en ti.

Muerto: Pues escúchame. Déjalo ya.

Calanda: ¿Estás loco? Estamos en nuestro mejor momento. A las ratas ya les gustaría hundirme. Pero las tengo cogidas por los cojones, Juan. Te puedo meter de presidente del Barça, si quiero.

Muerto: Yo no soy del Barça, soy del Atleti.

Calanda: Pues a la mierda el Barça. Escucha esto. Una cosa que encontré en su despacho. ¿Sabías que el hijoputa del Amat se quiso comprar una montaña?

Muerto: Claro que no lo sabía.

Calanda: Pregunta.

Muerto: ¿Y qué?

Calanda: No pudo.

Muerto: Bien. Pues que se joda

Calanda: Me la voy a quedar yo.

Muerto: Olvídate del Amat, por favor.

Calanda: El Amat está olvidado. Es por el placer de conseguirlo, Muerto. Vamos mañana. Les compro la montaña.

Muerto: Para eso no me necesitas. Tú tienes el dinero.

Calanda: Hay una familia hijaputa que no quiso vender. No quieren vender tampoco ahora. He hablado con los otros. Esos me venderían pero ya. Compro lo suyo y echamos a la familia hijaputa.

Muerto: No voy a venir.

Calanda: Me debes una vida. Si voy solo igual me pasa algo, Muerto. Igual me matan esos putos campesinos, Juan. Va a ser por tu culpa.

Muerto: No me hagas esto.

Calanda: Vente. La última, te lo juro. Nuestra última juerga. Que sea grande, joder. Después paso de esto. Venga Juan. Dentro de unos años nos vamos a reír. A carcajadas, Juan.

Escena 9

Comencen a sortir tots els actors per les portes.

Muerto: Por supuesto, lo del Arturo Amat ya lo sabía antes que se lo contara. Por la mañana se había pasado por el tanatorio.

Mercedes Amat: Per què m'has vingut a buscar?

Calanda: Només volia donar-te el pèsam. Dir-te que em sap greu.

Mercedes Amat: M'has destrossat la vida.

Calanda: Jo no he estat, Merche. El teu germà tenia un problema amb la droga. El teu pare tenia un problema amb la comptabilitat. No és culpa meva.

Mercedes Amat: Ho hem perdut tot, Luis.

Calanda: Conec aquesta sensació i no és agradable. Si m'ho demanes, Merche… Us ajudo. *(Pausa.)* Demana-m'ho i t'ajudo.

Mercedes Amat: No ho pots comprar tot amb els diners, Luis.

Silenci.

Calanda: Puedo comprar una montaña. Y puedo comprar el país. No es importante lo que puedo comprar, Merche. Lo importante es lo que puedo hacer con lo que compro.

Mercedes Amat: ¿Y qué vas a hacer?

Calanda: Echaros de aquí.

Iscla: I a la casa, fa dies que la mare no dorm i es mou neguitosa.

Mare: Me desperto a les nits i sento que se'ns vindrà a menjar un esperit. Que vindran del poble i ens mataran a totes. Fes el que haigues de fer prò treu-mos-els de demont.

Núria: Ja els hai avisat, mare. Segur que ens dixen una temporada tranquil·les.

Mare: I si s'apropen atre camí a Laia?

Núria: No es tornaran a apropar, mare. No ho faran més. Si es veuen amb cor de tornà-hi, ja ho tinc a punt, els cremaré tot lo poble amb ells a dintre.

Mare: Fes-ho, Núria, fes-ho.

Núria: No encà', mare. No encà'.

> **Castellví:** Al poble, es troben Gallart i Verdeny, que ahir a la nit van trobar els caps de gallina clavats a la porta.

Gallart: Deu ser que no vol que fem la festa. Anul·lem-ho.

Verdeny: I una merda. Hi hai estat treballant molts dies per fer venir quatre autocars. Els diners que ham posat no els recuperarem. Si no aconseguim llogar les masies que són buides acabarem malament. A mi ja no em quede re del que em van dixar, Gallart.

Gallart: I tu encà' no sas una cosa que t'emprenyarà del tot.

Verdeny: Quina?

Gallart: Els de la constructora de Barcelona. Els de l'oferta de fa setze anys. Volen parlar de nou amb natres.

Verdeny: Per què no m'ho havies dit?

Gallart: T'ho estic dient ara. De poca cosa servirà que mos n'alegrem. Les nostres escriptures tornaran a valdre zero…

Verdeny: Fem la festa i parlem a veure què diuen.

Gallart: Molt bé. Parlaré jo amb ells. No els comentarem re de Farràs.

Vert: A l'arbre dels dos troncs es troben per tercer cop la Laia i el Joan de Coma.

Joan Coma: Se prepare una festa. Vindran autocars. Serà fàcil fuir del poble.

Laia: Quina festa? No en vui veure, de gent.

Joan Coma: No et faran re. Només són visitants. Quan arribes te vindré a buscar.

Laia: Fuiré de casa quan sigue fosc i es pensen que estic dormint.

Joan Coma: Ne tinc moltes ganes.

> *Tots els actors han quedat alineats mirant cap al públic.*

Castellví: I el que ningú sap és que Josep de Farràs, que va desaparèixer quan va néixer la Núria fa quaranta anys, ha vingut a la festa sense ser-hi convidat.

> *Fi de la primera part.*

Herrera: I ara, estimat públic, si ens fan el favor… Ens agradaria que baixessin a la festa que tenen preparada. Ens n'anem tots cap al poble a veure la segona part.

> *Els actors conviden a baixar el públic mentre s'aixeca la paret que oculta l'envelat.*

ACTE 2

Escena única

> *En un envelat de festa major. El públic va baixant de les grades cap a les tauletes i cadires plegables de fusta que hi ha a l'envelat. La música de festa d'estiu sona des del petit entarimat. No podem escoltar el diàleg, però veiem com els personatges parlen entre ells.*

Joan: Has vist una noia?

Gallart: N'hi ha moltes, de noies aquesta nit.

Joan: Me semble que tindré sort.

Gallart: Tens gomes?

Joan: Què? Sí, cony. No vui parlar d'això amb tu.

Gallart: Només t'aviso.

Joan: Que en tens?

> *Gallart treu un condó de la butxaca.*

Gallart: Té.

Joan: Gràcies.

Gallart: Qui é aguell paio que hi ha a la barra? No l'hai vist baixar de cap autocar.

> *Assenyalen Josep Farràs, en un moment que ell mira cap a un altre cantó.*

Joan: No ho sé, no el conec.

Gallart: A veure si te n'assabentes.

Joan: Jo tinc fenya.

> *Joan se'n va a canviar de disc. Gallart s'apropa a les taules per preguntar: Està tot bé? Necessiten alguna cosa? Els agrada la plaça del poble? La vam reformar fa un parell d'anys. Els arbres els van replantar.*
>
> *Marta Verdeny està servint a la barra de l'envelat.*

Verdeny: Vol pendre alguna cosa?

Josep: Una cervesa. Que en teniu?

Verdeny: Sí.

Joan: Doncs una.

Verdeny: Ha vingut de Barcelona, vostè?

Josep: No tothom és de Barcelona.

Verdeny: Ah. Estrella?

Josep: Quina és?

Verdeny: Aguesta.

Josep: Sí. Està bé.

> *Verdeny serveix la cervesa a Josep en un got de plàstic.*

Josep: Tens una gerra?

Verdeny: No. Només vasos de plàstic. Que si els ham de rentar tots, é un merder.

Josep: D'acord.

Verdeny: Amb qui ha vingut?

Joan: Qui ets tu?

Verdeny: Marta de Verdeny.

Joan: Verdeny.

Verdeny, *somriu*: Sí. Dels Verdeny de sempre.

Josep: He vingut sol.

Verdeny: Coneixie la zona?

Josep: Sí. No. N'havia sentit a parlar.

> *Gallart agafa el micròfon i Coma para la música.*

Gallart: Benvinguts a la festa del mil·lenari del poble. É un honor pels habitants d'aguest modest poble poder-vos tenir de convidats en una data tan especial com aguesta. Balleu. Divertiu-vos. Beveu, amb moderació... o sense... Què carai! *(Pausa.)* Diuen que el qui trepitge aguesta vall un camí, tard o d'hora, hi tornarà. Espero que també sigue el vostre cas. Moltes gràcies per haver vingut i que ho passeu d'allò més bé!

> *Joan Coma fa el gest d'aplaudiment. Estaria bé que el públic aplaudís.*
>
> *Gallart s'apropa a la barra. Demana a Verdeny que vagi cap a ell.*

Gallart: Qui é?

Verdeny: Ni idea, prò diu que no ha vingut amb cap autocar. Ha vingut sol.

Gallart: Sí, ja ho havia vist.

> *Arriba Laia tot corrents. En veure tot l'envelat ple de gent, es queda parada. Tots se la miren. Ella mira enrere, vol confirmar que la miren a ella. Prova de passar desapercebuda, però està aclaparada per tanta gent. S'asseu en una cadira que està buida.*

Gallart: Mira.

Verdeny: Què?

Gallart: Deu ser la noia que buscave el Coma.

Verdeny: El Coma ha quedat amb una noia?

Gallart, *per Coma*: Que és burro. Ara ell no mire.

Verdeny: Quina noia?

Gallart: Aguella d'allà?

Verdeny: No la vei.

Gallart: Perquè ara s'ha assegut. Li vai a dir a Joan.

Verdeny: Espera un moment…

Gallart: Ara vinc.

> *Gallart se'n va fins a l'entarimat on hi ha Joan escoltant i punxant discos.*

Gallart: É aguella?

Joan: A on?

Gallart: Aguella que seu a la taula de la punta.

Joan: No l'assenyales.

Gallart: Com vòs que te l'ensenya, si no?

Joan: Diga'm en quina taula é.

Gallart: La taula de la punta a la dreta.

Joan: Sí, é ella.

Gallart: No me n'havies parlat mai. Qui é?

Joan: No n'has de fotre re.

Gallart: Espera. On vas? No pots dixar el mateix *disco* tota l'estona.

Joan: Fes-ho tu un momentet.

> *Arriben Calanda i Muerto. Seuen en una de les taules buides del centre.*

Verdeny: Estem reformant unes cases velles. Ne volem fer masies de turisme rural.

Josep: N'hi ha moltes, de masies buides?

Verdeny: Unes quantes.

Josep: Quines?

Verdeny: La de Segú, la d'Agulló.

> *Gallart es queda canviant discs. Joan va cap on és Laia. Verdeny s'allunya de Josep per fer un gest a Gallart.*

Verdeny: Són aguells d'allà.

Gallart: Molt bé. Ara hi vai.

> *Laia s'aixeca.*

Joan: Laia.

Laia: Qui é tota aguesta gent?

Joan: Vénen per la festa.

Laia: Per què em miren?

Joan: No et miren. Parlen entre ells.

Laia: Pot ser que baixe mare.

Joan: Doncs millor que mos anem a amagar.

Laia: A on?

Joan: Sé un lloc.

Laia: Gràcies.

> *Joan li fa un petó a Laia. Laia s'aparta.*

Joan: No t'apartes.

Laia: Què fas?

Joan: Som nòvios.

Laia: No. No som nòvios.

Joan: Clar que sí. Va, anem.

> *Joan mira d'aixecar-la de la cadira, però ella no es deixa.*

Laia: No hi vui anar.

Joan: Ara vindràs, Laia. Si no, te trobaran.

Laia: Me vui quedar aquí.

Joan: Que vòs que ho sàpigue tothom, que ets filla de Núria? Va, tira, collons.

Joan s'endú a Laia arrencant-la de la cadira. Josep ho ha vist. Tots ho han vist.

Gallart ha anat a trobar a Calanda i Muerto.

Gallart: Perdonin… Que són de la constructora?

Muerto: Sí.

Calanda: Vostè és Gallart?

Se saluden.

Gallart: Me permeten que sega?

Calanda: Endavant. Clar, tenim moltes ganes de parlar amb vostè.

Gallart: Ens ha sorprès molt que ens truquessen. Després de quinze anys…

Calanda: És que ara l'empresa ha canviat de direcció.

Muerto: I els altres propietaris de la muntanya?

Gallart: Sí, ara els crido…

Josep crida a Verdeny. Al mateix moment que la conversa anterior.

Josep: Qui és aquell nano?

Verdeny: Qui?

Josep: El que posave els discos.

Verdeny: Ah. Joan. Lo petit dels Coma.

Josep: Lo petit dels Coma.

> *Josep se'n va per on ha vist marxar Joan i Laia.*
> *En aquest moment, Gallart crida Verdeny perquè s'apropi a la taula.*
> *Verdeny va cap a la taula.*

Gallart: Si ho haguéssom sapigut hauríam fet una reunió una mica més formal.

Muerto: Està bé, tranquil.

Calanda: Ens agrada molt aquesta zona.

Muerto: La muntanya, quina és?

Verdeny: Lo problema que tindrem é el mateix que vam tenir llavòns.

Gallart: Què parles?

Verdeny: De Farràs. Que no vam poguer vendre.

Gallart: Sí, sí. Ara ham muntat tot això de la festa a veure si s'anime a puiar algú més.

Torna JOAN, que cau a terra mentre corria. El segueixen JOSEP i LAIA. Sembla que JOSEP ha fet apartar a JOAN de LAIA. No es diuen res. Sembla que Joan li té una mica de por a JOSEP. Els altres no s'han adonat de res, però quan veuen a JOAN, el criden. JOAN dubta, té la mirada de JOSEP clavada a sobre. Finalment va fins a la taula. Quan JOAN va cap a la taula, JOSEP s'apropa a LAIA que se'l mirava una mica de lluny.

JOSEP: Estàs bé?

LAIA: Qui é vostè?

JOSEP: Hai pensat que necessitaves ajuda.

LAIA: No en necessito.

JOSEP: D'on ets?

LAIA: I vostè?

JOSEP: Quin caràcter que tens.

LAIA: Me deu venir de família.

JOSEP: Seu una estona amb mi.

LAIA: Per què?

JOSEP: Per parlar.

Laia: De què?

Josep: Vui que m'expliques històries de la muntanya...

> *Mentre, continua la conversa a la taula de Calanda. Sembla que Verdeny treu el tema de les bruixes.*

Verdeny: Més val que ho dixem clar. Les dones aguelles són bruixes. Només que se'ls hi acosten, s'hi voldran tornar.

Calanda: Què?

Gallart: Havíam quedat que...

Verdeny: Més val que ho sàpiguen d'entrada i així no ens fem il·lusions.

Calanda: Bruixes?

> *De sobte, Calanda es posa a riure davant l'estupor de Gallart, Coma, Verdeny i, fins i tot, Muerto.*

Calanda: Diles que paren la música, que quiero hablar.

> *Calanda s'aixeca.*

Gallart: Què passe?

Muerto: Més val que apagueu la música.

Joan: Per què?

Muerto: Si no ho fas l'apagarem nosaltres.

Joan: Ja hi vai.

> *Joan corre a apagar la música. Calanda puja a l'escenariet. Agafa el micròfon.*

Calanda: M'acaben d'explicar…

> *El micro no va. Calanda llença una mirada a Joan. Joan apuja el volum del micro que, d'entrada, pita.*

Calanda: M'acaben d'explicar que a dalt d'aquesta muntanya hi ha una casa on viuen bruixes.

Gallart: No é veritat! No li faiguen cas! Aguest poble està molt cuidat i açò que diu é mentida.

Calanda: M'ho acabeu d'explicar vosaltres.

Gallart: Baixi. Joan, posa música.

> *Joan apuja el volum de la música.*

Calanda: No pongas música, chaval.

Muerto: Para esto.

Calanda: Déjame hablar.

Joan abaixa el volum.

Gallart: No té dret a espatllar-nos la festa.

Calanda: És d'això que vull parlar. De com no us poden espatllar una festa.

Gallart: Baixi. Joan!

Joan apuja el volum.

Joan: Què fai?

Muerto: Tú calla y para la música o te hostiamos. Gilipollas.

Joan atura la música. Gallart baixa de l'entarimat.

Gallart, *a Verdeny:* Vine.

Calanda: Eh, ven…

Verdeny: Gallart, què fem?

Gallart: Truca a la guàrdia civil.

Verdeny: Tardaran dos hores a venir.

Gallart: Vai a buscar l'escopeta.

Calanda: Un moment, un moment. M'he passat. Ho sento.

Verdeny i Gallart s'aturen.

Calanda: Em disculpa, Gallart? No m'hauria d'haver comportat així. Em pensava que vostès també estaven fent broma.

Gallart: No té dret a rebentà-mos la festa. L'ham tractat bé quan ha arribat.

Calanda: Tot el contrari. Vull fer aquesta festa encara una mica millor. Vinc excitat. Quan sé que vaig a treballar-me un bon negoci, m'excito. És com anar a seduir una dona, però quan sé que la dona ja em vol… M'hi llenço, la despullo i me la menjo. Disculpeu-me. Vostè i jo tenim ganes de fer negocis… És així o no?

Gallart: Potser sí.

Calanda: Doncs anem al gra. Me'n moro de ganes.

Gallart: Preferiria que en parléssem en privat.

Calanda: Aquesta nit et faré guanyar molts diners, Gallart. A tu i a tots els altres. Molts diners. Us compraré la part de cada un de vosaltres pel mateix preu que us van oferir fa setze anys.

Verdeny: Sense tenir la part de Farràs?

Calanda: Sense la part de Farràs. *(Pausa.)* Si tornen a dir que sí, aquesta mateixa nit els la compro. Els donaré tots els bitllets. Un sobre l'altre. *(A Muerto.)* Juan. Trae el dinero.

> *Muerto se'n va de l'envelat. Coma va fins a Verdeny.*

Coma: Quants diners són això?

Gallart: Aguella oferta ere prou bona, sí. Prò…

Verdeny: Mos anirie molt bé. Molt.

> *Calanda treu uns contractes del seu maletí.*

Calanda: Verdeny! Gallart! Coma!

> *Gallart, Coma i Verdeny agafen els contractes.*

Gallart: Anem a negociar a un atre lloc. Davant d'aguesta gent…

Calanda: Què vols que negociem, Gallart? Aquesta és una oferta que només podré fer avui. Si és que sí, endavant. Firma.

Gallart: Sí, prò…

Calanda: I si és que no, és que no.

Silenci.

Verdeny: No ham de negociar re, Josep Maria.

Torna Muerto amb una bossa plena de diners.

Calanda: I arriben els diners. Un fort aplaudiment.

Calanda treu un feix de diners de la bossa. El dóna a Coma.

Calanda: Dos d'aquests per a cadascú.

Joan: Collons.

Calanda: Voleu que us deixi la meva ploma?

Calanda treu la seva ploma.

Calanda: Hi farem l'estació i equipaments. Un parell d'hotels de quatre i cinc estrelles. La qualitat dels visitants serà immillorable. Li agrada la roba?

Verdeny: Què?

Calanda: Que si li agrada la roba?

Verdeny: Ves… Sí.

Calanda: Munti una botiga de roba. Aquí, al poble. Exclusiva. Armani, Prada, Roberto Cavalli.

Verdeny agafa la ploma. Calanda li mostra els llocs al contracte on ha de signar.

Gallart: Crec que ens ho hauríam de pensar.

Verdeny: Què vòs pensar? Mos traiem un pes del damunt. Coi de muntanya.

Calanda: Pel notari hi passarem demà.

Gallart: Ho ham de llegir bé.

Verdeny: É un miracle que setze anys després tornem a tenir l'opció.

Verdeny signa el contracte.

Muerto: Vols signar, tu?

Coma: Jo? Potser ho haurie de firmar ma mare, no?

Muerto: Ets major d'edat?

Coma: Sí.

Muerto: Firma y tendrás el dinero. Después que lo firme tu madre. Tu compromiso nos vale. Si no puedes hacerlo efectivo más tarde, te reclamaremos lo abonado.

Muerto dóna un parell de feixos de bitllets a Verdeny.

Verdeny: Hòstia puta, Gallart. Qui em va parir. Somriu una mica. Que ens ha tocat la grossa.

Calanda: No vols signar, Gallart?

Gallart: M'ho hai de pensar.

Calanda: Què has de pensar-te?

Gallart: Setze anys són molts anys. Els preus de les terres han puiat. Necessito informà'm per no cometre un error. Només dic això. Crec que é legítim.

Calanda: Molt legítim. M'agrada que em portis la contrària.

Gallart: Jo no li vui portar la contrària.

Calanda: Recorda que l'oferta només és vigent per aquesta nit.

Gallart: Per què?

Calanda: Per què? Per què? No ho sé, Gallart. Perquè és més emocionant. Gallart, deixa't portar per l'instint. Deixa't portar per l'adrenalina.

Silenci.

Calanda: Vols que et faci una oferta millor?

Gallart: No ho sé. Només dic que m'ho hai de pensar.

Silenci.

Calanda: En esta bolsa hay más de lo que os he ofrecido. En aquesta bossa hi ha deu vegades el que us acabo de donar. Deu vegades el preu que us van oferir fa setze anys. Són els diners que tindríeu si haguéssiu venut llavors, incloent-hi els interessos que haguessin generat durant tots aquests anys… *(Pausa.)* T'interessa més aquesta xifra?

Gallart: Sí, una mica més. A canvi de què?

Calanda: Si feu fora les bruixes que viuen en aquella casa, tota aquesta bossa serà vostra.

Coma: Tota?

Gallart: Va, no fotem…

Calanda: Vosaltres vau perdre aquests diners. Per culpa d'elles.

Gallart: No ha de ser cosa nostra fer fora algú de casa seua. Cal que negociem pel que tenim.

Calanda: No, no, no. No esteu fent fora ningú de casa seva. Esteu reclamant el que hauria d'haver estat vostre des del primer moment, no? No és hora que us cobreu el que us pertoca?

Gallart: Potser sí, prò aguesta é una qüestió que, en tot cas, hauríam de discutir les famílies propietàries i en privat.

Calanda: Heu tingut setze anys per discutir-ho. Heu fet alguna cosa?

Verdeny: No ré, no ham fet.

Gallart: Va, home va. Vostè no en sap re, de la nostra vida. Vostè no é d'ací.

Verdeny: Prò té raó.

Gallart: No li dongues la raó, Marta.

Verdeny: Està dient veritats que feve falta que digués algú. Fa temps que t'escoltem a tu perquè dius que sas lo que s'ha de fer al poble. Mos ham dixat portar i no sé si ham fet bé.

Gallart: I ara et dixaràs portar pel que diu ell?

Verdeny: Si ens treu de la misèria, sí.

Gallart: Que sas com pense, potser? No has de conèixer les seues intencions, primer?

Verdeny: Ha dit més paraules amb sentit comú que les que ham escoltat durant aguestos setze anys de la teua boca.

Joan: I no é l'única. Jo també penso el mateix. Lo meu pare i el meu germà van haver de marxar per poder sobreviure.

Gallart: I per què no han tornat, Joan? Per què no han tornat?

Joan: Açò no é important.

Gallart: Doncs jo trobo que sí que ho é.

Joan: No haurien marxat mai si haguéssom tingut els diners que donaven per l'estació.

Gallart: Açò é el que pense realment ta mare?

Joan: Que pense el que vulgue. Tinc vint anys. També tinc dret a tenir una opinió. Mare é poruga. No es vol moure.

Gallart: Jo li vai veure els ulls a Núria fa setze anys. Tots sabeu de les morts que ham hagut de patir.

Verdeny: I no ens ham atrevit mai a respondre. Potser ja é hora que ens hi tornem.

Gallart: Aguest no é el nostre tarannà.

Joan: I quin é el nostre tarannà? El de dixà-mos esclafar? Que es foten de natres? Si són bruixes cal que acaben com les bruixes.

Gallart: Va home, va.

Joan: Cremades.

Gallart: Calma't, Joan. Tu no pensaves cap així.

Joan: Doncs hai canviat d'opinió.

Gallart: Per què?

Joan: Doncs perquè té raó.

Verdeny: Mira. Els que han vingut són una colla de pelats. Fotem pena, Gallart. Aquí servint cervesetes com si fossa la *guarra* d'un puticlub de carretera.

Gallart: Marta!

Verdeny: Han vingut perquè donàvom llenguanissa i cervesa de franc. I perquè els ham pagat l'autocar des de Barcelona. No em mireu així. Que no dic mentides. Per venir de Barcelona vostè no ha pagat re de re. No compraran cap casa. Només han vingut a fer el txafarder.

Gallart: No faltes a la gent, Marta.

Verdeny: Que jo els falto? No m'ho semble. Mira-te'ls. Callats i sense dir re.

Gallart: D'acord. Agafem els diners que ens oferixen per les nostres terres i fem vida tranquil·la. Prò no puiem allà a dalt. Només mos portarà desgràcies.

Verdeny: I no puiar, també. Amb aguestos diners podrem viure mitjanament bé, sí. Prò aquí i callant. Mos tindran sotmesos igualment. Ja no é qüestió dels diners. É qüestió d'orgull. De fe-mos valre.

Gallart: A ell mateix el van lligar quan ere més petit. Ahir ja ens van amenaçar. Si intentem fe-les fora es cuidaran que no quede re del poble. De què ens servix l'orgull si ham d'acabar enterrats a terra. Elles poden més que tots natres junts, no ho veieu? Que no vau veure els caps de gallina d'ahir? Que no mireu dos camins els ous de les gallines abans de menjà-us-els? Que no tanqueu les cases amb clau i forrellat? Ara resultarà que jo seré l'únic.

Calanda: Com podeu creure en aquestes mamarrachadas?

Gallart: Vostè no coneix la comarca. Vostè no é d'ací.

Calanda: ¿Se tiene que ser especial para ser de aquí?

Gallart: Només dic que hi ha motius que un no pot comprendre si no ha nascut ací.

Calanda: Jo només veig que no hi ha proves. Si són bruixes, que ens demostrin que són bruixes.

Muerto: No te metas en esto. Me da mala espina.

Calanda: ¿Ahora crees en brujas, Juan? ¿No creías en vírgenes?

Muerto: Sólo sé que a veces suceden cosas que uno no es capaz de comprender. Tú te crees que lo puedes todo. Y todo no se puede.

Calanda: Sólo pido ver antes de creer. Només demano que vinguin les bruixes. Estic tan segur que no ho podran demostrar que, si són bruixes de debò, si ho veig amb els meus ulls, us deixaré tots aquests diners i me n'aniré. Ahora, si no lo son, las echaremos del pueblo por mentirosas y construiremos nuestra pista de esquí. ¿De acuerdo?

Muerto: Como continúes, cojo y me largo.

Calanda: Haz lo que tengas que hacer. *(Silenci.)*

Verdeny: Si no les anem a buscar, no crec que baixen cap pel seu propi peu.

Joan: La filla sí.

Verdeny: Quina filla?

Joan: La petita. Ha baixat. É per aquí.

Gallart: Què dius? Per què?

Joan: É la noia que esperava.

Gallart: Quins collons, Joan. Quins collons.

Joan: Me pensava que no ere com sa mare. Prò són pastades.

Calanda: On és?

> *Joan puja a l'entarimat, encara amb els feixos de diners a la mà, mira i assenyala.*

Joan: É allà, amb aguell home. *(Pausa.)* En aguella taula.

> *Tots miren cap a la taula on hi ha Josep i Laia. Josep apaga el seu cigarret dins el got de plàstic. Es pren el seu temps i s'aixeca.*

Josep: Què voleu?

Calanda: Deixi'ns parlar amb la noia.

> *Josep mira a Laia.*

Josep: No vei cap noia.

Joan: Laia.

Josep: No conec cap Laia.

Joan: É un imbècil. Abans m'ha volgut trencar la cara.

Josep s'encén un altre cigarret.

Josep: Si t'hai volgut trencar la cara és que alguna cosa havies fet... Joan de Coma.

Gallart: Qui é vostè?

Josep: Hola, Gallart.

Va comptant amb els dits de la mà mentre els assenyala.

Josep: Verdeny. I Coma. Qui sóc, ja ho sabeu. Perquè aquí només falten Segú i Agulló i ja hi seríam tots.

Calanda: ¿Quién es?

Verdeny li ho diu a cau d'orella: Josep de Farràs.

Josep: Me sap molt de greu veure que no han canviat gens ni mica les maneres d'aguest poble. Tradició de mals costums.

Calanda: Juan, ve a buscar a la chica.

Muerto li fa que no amb el cap. Calanda, davant la negativa, avança cap a la noia.

Josep: Tu quiet. *(Pausa.)* I calla, foraster, que ja has parlat massa aguesta nit.

Josep treu una pistola, un revòlver especialment gran, del seu cinturó. Calanda s'aparta i posa la mà al darrere dels pantalons. Coma, a dalt de l'entarimat, també es toca el darrere dels pantalons.

Josep: Ara, amb lo teu amiguet fotreu lo camp d'ací. I ho fareu sense dir una sola paraula més, d'acord? Ja hau jugat una estona. Aneu-se'n a casa. La podreu explicar a ciutat, aguesta. Podreu dir que els de poble són rucs i signen contractes sense llegir. Que baveguen només de sentir el so d'algunes monedes. Segur que als vostres amics els farà molta gràcia. Doncs cap a casa. Els assumptes que s'haiguen de resoldre en aguest poble, els resoldrem entre natres. Sense fotre-hi el nas un foraster.

Silenci.

Calanda: Juan, recupera el dinero.

Muerto va a recollir els feixos de bitllets de les mans de Verdeny i Coma.

Verdeny: No…

Muerto: Ho sento. Dóna'm.

Calanda estripa els contractes.

Gallart: Un moment, sisplau.

Calanda: Si en este pueblo no los queréis, nos los llevamos.

Josep: Hai dit que calleu.

Verdeny: No, sisplau...

Gallart: Abaixi la pistola, sisplau.

Josep: Quan haiguen sortit del poble, abaixaré el revòlver.

Muerto: Va, dóna'm.

Joan: No.

Muerto: No me hagas subir, chaval.

Coma torna els diners.

Calanda: Por qué me apunta con eso. ¿No creerá que es el único que tiene revólver?

Josep amartella el revòlver.

Josep: Ja m'ho penso que no sóc l'únic. Prò l'avantatge ara mateix é meu. Tinc lo revòlver alçat i si intentes fer algun moviment te dispararé al cap abans que et pugues preguntar a quants atres hai disparat durant la meua vida.

> *Coma treu un revòlver de darrere dels seus pantalons. Tot passa molt de pressa. Josep el dispara abans que pugui apuntar. Coma rep el tret i cau cap al darrere de l'entarimat.*
>
> *Calanda s'esvera.*

Calanda: Muy bien, abuelo. De puta madre. Tienes huevos. Y buena puntería.

Josep: Fuera.

Calanda: No va a ser tan fácil dispararme a mí como a ese puto muchacho. He venido a comprar una montaña hoy.

Josep: Pues te vas a largar sin montaña, hoy.

> *Calanda no deixa de mirar en cap moment a Josep. Recull el maletí i la bossa amb diners. Calanda i Muerto desapareixen. Enmig de la tensió, de la remor, del vent i dels grills.*
>
> *Josep guarda el revòlver, quan ja veu que són lluny.*

Josep: Tu, Gallart. Porta el de Coma a casa seua. No dixarem que se'ns pudrixe allà al mig. I tu, Verdeny, si no tens vi, posa'm una atra cervesa.

> *Gallart, tot espantat, va fins al darrere de l'entarimat i s'endú, arrossegant-lo per*

> *terra, el cos de* Coma. Verdeny *va a buscar la cervesa.*

Josep, *a la gent que hi ha a les taules*: No us espanteu. Tot això passe sovint en un poble com aguest. Segur que d'allà on vénen també en deuen haver passat, d'històries. Potser no les han viscut, però tothom n'ha sentit a parlar, no? (*Pausa.*) Vòs una Coca, tu?

Laia: Què é una Coca?

Josep: Verdeny, posa-li una Coca-Cola.

> Verdeny, *de mala gana, li serveix una Coca-Cola a* Laia. *A* Josep *li serveix una cervesa.*

Josep: Prova-la.

> Laia *tasta la Coca-Cola.*

Josep: Què et semble?

Laia: Pique.

> Josep *somriu.*

Laia: Li fa gràcia que em pique?

Josep: No. Em fa gràcia que tens un món per descobrir. Jo, en canvi, ja me n'hai cansat… Te tinc enveja.

Laia: Doncs no tinc cap ganes de descobrí'l.

Josep: Va, va, va... No es pot pensar d'aguesta manera a la teua edat.

Laia: Tothom mentix. No hi ha veritats. La meua mare m'ha mentit.

Josep: Tots els pares mentixen. Per protegir els fills. Un no ha d'esperar que li diguen les veritats, les ha d'anar a cercar. Són els que no tenen ganes de buscà-les que s'han de quedar on són.

Laia: I potser fan bé. Si descobrir les veritats é trobà's amb la decepció, més val no fe-ho.

Josep: I llavons de què et servix la vida, Laia?

Laia: De re. Per això no cal viure-la.

Josep: Que no?

Laia: Tal com la vei, no.

Josep: Doncs mira'm a mi. Hai estimat. Hai fuit del poble, del costat de qui estimava. Hai viatjat fins a l'atra punta del món. Hai lluitat al costat de guerrilles. Hai robat als corruptes i hai matat a feixistes sense dixà'ls ni defensà's. Hai traït companys per guanyar una posició i hai ajudat amics que ja no teniven esperança. Hai salvat oprimits amb l'arrogància de qui se sent per sobre del bé i del mal i hai condemnat innocents perquè teniva un mal dia. Me n'hai penedit i m'hai torturat. I què? I què? Que donaria tot el que tinc per oblidà-ho, per esborra-ho de la meua memòria. Per viure tot lo que hai viscut un atre camí.

Laia: Per què va fuir?

Gallart ha tornat.

Josep: Bé... Per culpa d'aguestos. Dels seus pares. Els de Gallart, els de Verdeny i els de Coma. Me van carregar un mort que no ere meu. Sí, ne tinc uns quants a la llista, prò aguell no em tocave. *(Pausa.)* El d'Agulló es feve la dona de Gallart. I Gallart, son pare, li va donar mort ajudat pels de Coma. Els de Coma feven tractes sovint amb els nacionals. A mi ja em teniven clissat perquè alguna vegada havia passat gent pel camí de dalt. I em van denunciar. Vai ser a temps de cobrà-m'ho amb els de Coma però vai haver de fuir per no posar en perill la casa.

Gallart: Josep. Natres només en som els fills. No tenim la culpa del que van fer els nostres pares. M'ha vist defensar de no puiar.

Josep: Has dixat al de Coma a casa seua?

Gallart: Sí.

Josep: Com té la cama?

Gallart: Li sortie molta sang, però sa mare se'n cuide.

Laia: É viu?

Gallart: Només ha perdut lo coneixement.

Laia: Com sas que li has tocat la cama?

Josep: Perquè hai apuntat a la cama. Ere el punt menys perillós per a ell. A més, pensava que de retruc el podia fer caure. Hai tingut sort i així ha estat.

Laia: El podives haver mort.

Josep: No. *(A Laia.)* Seu.

Laia seu en una altra taula.

Josep: Gallart.

Gallart: Què?

Josep: Has agafat l'escopeta de casa teua?

Gallart: No.

Josep: Segur?

Gallart: Segur. De debò.

Josep: No fas gaire honor al teu cognom, Josep Maria. Ets més aviat covard.

Gallart: Jo només procuro que visquem tranquils i en pau.

Verdeny: Ja pots comptar.

Gallart: De sempre hai mirat de posar pau a la comarca.

Verdeny: El que passe és que mai s'ha atrevit a tornàs-'hi perquè per culpa seua Núria ens va maleir a tots. N'estaves obsessionat i pots comptar què li vas anar a dir el dia que va morir lo Boneta. Si ara ens ha arribat l'hora, a *apechugar*, Gallart. Havie de passar un dia o atre, que d'esperar que ens vingués lo bo, ens acabarie arribant lo pitjor. *(Pausa.)* Va, Josep de Farràs! Agafa la teua pistola, apunta-mos al cap i dispara. Som carn de canó. Si no tenim pebrots de fe-mos valre, aguest poble no es mereix existir.

Josep: Jo no hai vingut a venjà'm.

Verdeny: I a què has vingut? A menjar llenguanissa?

Josep: Hai vingut a perdonar.

Verdeny: Seguirem sent miserables. Rebenta-mos lo cap al Gallart i a mi. Ara mateix! Rebenta-mos lo cap! *(Pausa.)*

> *Josep s'alça de la cadira amb el revòlver a la mà.*

Josep: M'ho haguessen demanat en aguest poble fa coranta anys… Uns que no alçaven mai la veu, que sempre se les diven de ser pacífics. *(A Gallart.)* Com ara tu, prò que per sota els corrie l'enveja i la rancúnia. *(A Verdeny.)* Com tu. *(Pausa.)* De re servix rebentar caps, Verdeny. De re servix. De restaurar les cases ja me'n cuidaré jo. Contractarem qui faigue falta. Re d'hotels ni pistes. Traurem runes i cotxes estimbats. Els diners no me'ls acabareu. Farem d'aguesta vall i d'aguesta muntanya el lloc més preciós de Catalunya. Tan bonic el veuran, que tots s'hi voldran assemblar. Un lloc que ens omplirà l'esperit. Poc més hi podem fer aquí les hòmens. Cuidar lo que hi ham trobat. Passaran anys i segles. Natres desapareixerem. Els odis, les enveges i l'avarícia també. I l'única cosa que en quedarà, serà aguesta muntanya. Què et semble?

Laia: Mare me ho va ensenyar tot de la muntanya.

Josep: Va, Laieta… Fes que baixe la teua mare, que ells li demanaran disculpes. Així podrem començar de nou tots plegats.

Laia: Mare no é com fa un temps, ara. Ja ho ha sentit.

Verdeny: É ella qui ens les haurie de demanar.

Josep: Verdeny.

Verdeny: Ja callo. Ja callo.

Gallart: Demanarem disculpes, sí. Tots.

Josep: La teua mare deu haver passat molta por.

Laia: No m'ho ha dit mai.

Josep: Doncs si no ho ha mostrat, n'has d'estar molt orgullosa, d'ella. É una bona filla de Farràs. I Maria?

Laia: Padrina?

Josep: Com està?

Laia: No recorde les coses. Pense que el diable la perseguix.

Josep: Doncs no li farà gràcia veure'm de nou.

Laia: Per què?

Josep: Abans era més aviat com ells, quan me sentia petit alçava la mà.

> *Marta Verdeny agafa les claus de casa seva i les llença amb totes les seves forces contra el terra.*

Josep: Verdeny!

Verdeny: Què?

Josep: Després de tot el que els has dit, me semble que et tocarà serví'ls un bon plat de llenguanissa i formatges abans de fe'ls tornar a ciutat.

Arriba Núria empunyant l'escopeta.

Núria: No us mogueu. Quiets. Laia, vine! 'Nirem cap a casa! Aparteu-se de la meua filla! Tu, fora!

Laia: Mare, dixeu l'escopeta.

Núria: Quiet! Hau trencat lo pacte per sempre. Me volíau robar la filla, doncs ara ho pagareu ben car.

Laia: No mare, no cal.

Núria: Sí que cal, sí. Ja no s'aproparan mai més.

Laia: No, mare, ells no…

Núria: Que us aparteu hai dit! No us mogueu! Morireu tots. Un radere l'atre. Tu el primer. Tu el segon. I tu després també.

Núria ha amenaçat Josep en últim lloc.

Laia: No. Mare, pareu…

Laia s'apropa a Josep.

Núria: Aparta't, filla!

Josep: Abaixa l'escopeta. Estàs massa nerviosa per empunyar una arma.

Núria: Tu calla i aparta't!

Josep: Abaixa l'escopeta i en parlem tranquil·lament plegats.

Arriba Mare.

Núria: Ja està tot dit. Aguest lloc pudent tindrà el que es mereix i ja no s'ha de parlar re més. 'Nem cap a casa!

Laia: No, mare…

Josep: Aguesta escopeta no ha estat mai de fiar.

Núria: Li hai dit que calli!

Josep: Té el gallet fluix. Podries fer mal sense volgué-ho.

Laia agafa la mà de Josep.

Núria: Qui ets? Qui collons ets?

Mare: Jo et diré qui é. É lo diable. Trau-mos-el del demont per sempre!

Laia: No, padrina, no!

Núria: Dixa-la anar! Dixa-la anar, malparit!

Josep: Maria.

Laia: Mare, prou! No ho veieu que no fan re? Que es volen disculpar!

Núria: No es volen disculpar. T'han dit mentides!

Laia: Tu també en dius de mentides!

Núria: Jo no t'hai mentit mai, Laia.

Laia: Són ells que mos tenen por!

Núria: Has de venir perquè faré cremar tot lo poble!

Laia: Cremaràs lo poble perquè ets una bruixa, mare! Vai ser jo qui es va ferir al braç. Ahir a la nit te vai veure, mare! Ets una bruixa i no penso tornar amb tu!

Laia escup a Núria i se'n va corrents.

Núria: Laia, vine! Laia! *(Pausa.)* Que no es mogue ningú. No us mogueu. Mare, aneu-la a buscar.

Josep: Abaixa l'escopeta.

Mare: Avui é un bon dia. Lo tens a tiro.

Núria: Aneu-la a buscar. Sisplau, féu-ho!

> *Mare se'n va per on ha fugit Laia.*

Núria: Escolteu-me, per favor.

> *Núria abaixa l'escopeta.*

Núria: Pensava que a Laia l'havíeu agafat vatri. Hai buidat bidons de gasolina a les parets de radere de casa Coma i de casa Gallart. I hai tallat els *tubos* de gas amb unes tenalles. Hi ha algú en aguelles cases ara?

Gallart: Els de Coma sí que hi són.

Verdeny: Vai a avisar els de Coma.

Gallart: Vés-hi, ràpid.

Josep: Fem fora tothom!

> *Verdeny se'n va corrents. Núria cau a terra mentre els altres fan aixecar la gent de les taules.*

Tots, *a públic*: Sisplau, marxeu d'aguesta plaça. Ja ho hau sentit. Va! Correu! Alceu-se! Va! Fora! Fora!

> *Torna Calanda amb Laia agafada pel coll amb un ganivet.*

Calanda dispara un parell de trets a l'aire amb el revòlver que du a la mà.

Núria: Filla…

Calanda: Tú, la escopeta. ¡Rápido!

Núria deixa l'escopeta a l'entarimat.

Calanda: D'aquí no es mou ningú. Venga, todos sentados. *(Pausa.)* ¡He dicho que sentados!

Josep es posa la mà a la cintura però no és a temps de treure l'arma.

Calanda: Eh, quieto. O la rajo.

Josep: Déjate de tonterías. El gas está libre y está a punto de estallar el pueblo.

Calanda: Sí, claro. Y luego va a venir Blancanieves chupándole la polla a sus siete enanitos. No, abuelo, no. Tú y yo tenemos un encuentro pendiente.

Josep: Pues aquí me tienes. ¿Quieres matarme? Deja a la niña libre. Deja a todos libres.

Calanda: ¿Quieres que te mate?

Josep: Hazlo si te atreves, cobarde de mierda. Pero sé un señor, si puedes.

Calanda: Eso sería muy poco entretenido. Si nos quedamos solos no tiene gracia.

Josep: ¿Pues qué quieres hacer?

Calanda: Primero quiero que dejes tu pistola en el suelo. *(Pausa.)* ¡Venga!

Josep deixa la seva pistola a terra.

Calanda: Tienes cojones, abuelo. Tienes cojones.

Josep: ¡Venga, dale ya!

Calanda: Tú, ¡Gallart!

Gallart: Què?

Calanda: Coge la pistola.

Gallart: Deja que nos vayamos, por favor.

Calanda: Que la cojas, coño. Después te vas a poder ir.

Gallart agafa la pistola de Josep.

Josep: Va, Gallart.

Gallart: No…

Josep: Covard…

Gallart: ¿Qué hago?

Calanda: Quita todas las balas menos una.

Gallart: Què?

Calanda: Todas menos una, coño.

> *Gallart treu totes les bales del tambor i les deixa caure a terra. En deixa només una.*

Calanda: Dale una vuelta al tambor y ciérralo.

> *Gallart fa girar el tambor i tanca la pistola.*

Calanda, *a Núria*: ¡Tu nombre!

Núria: Núria.

Calanda: Gallart. Dale la pistola a Núria.

> *Gallart dóna la pistola a Núria.*

Calanda: No me apuntes, eh…

Gallart: ¿Me puedo ir?

Calanda: Lárgate.

> *Gallart se'n va corrents, mig demanant disculpes amb la mirada.*

Calanda: Dicen que las pistolas las carga el diablo. Vamos a ver si es verdad que la bruja tiene tratos con el diablo.

Arriben Muerto i Mare.

Calanda: Núria, ¿Ves a tu hija?

Núria: Sí.

Calanda: ¿Quieres que siga viviendo?

Núria: Sí.

Calanda: Pues dispara contra el abuelo que tienes aquí delante. Si eres bruja, de la pistola va a salir una bala y yo dejaré a tu hija libre. Si no eres bruja, de la pistola no va a salir nada y yo le rajaré el cuello a tu hija por ser una maldita embustera.

Calanda apreta el ganivet al coll de Laia.

Laia: ¡Ah…!

Núria: Sisplau…

Calanda: ¡Apunta! *(Pausa.)* Al corazón.

Núria no ho fa.

Josep: Fes-ho, Núria! Fes-ho! Ja sóc vell, jo. Poca cosa més hai de fer. Apunta'm!

Núria apunta a Josep.

Muerto: Ya basta, Luis. Ya te has divertido bastante.

Calanda: Venga, coge una silla que será interesante.

Arriba Mare. Muerto treu la seva pistola.

Calanda: Voy a contar hasta tres. Cuando llegue al tres vas a disparar. ¿Entendida la mecánica? *(Pausa.)*

Mare: Laia…

Laia: Padrina…

Muerto: Cala, te estás ganando el infierno.

Mare: Núria, Laia…

Calanda: No, Juan, no. Me estoy ganando una montaña. Me estoy ganando un país. Me estoy ganando lo que me pertenece. Ni Dios ni las brujas se pondrán en medio.

Mare: Laia… tranquil·la…

Josep: Fes-ho, Núria. Fes-ho!

> *Es comença a sentir una fuita, un soroll, una mena de remor que va pujant d'intensitat a mesura que avança el compte. La llum també canvia.*

Calanda: Uno. *(Pausa.)*

Laia: No faigues més de bruixa, mare... *(Pausa.)*

Calanda: Dos. *(Pausa.)*

Mare: É lo diable, filla. Mira-li els ulls. Mata'l i salva-la. *(Pausa.)*

Calanda: Tres.

> *Se sent una forta explosió. Tot va a càmera lenta.*
>
> *Josep agafa la mà de Núria que sosté el revòlver. El Muerto el veu i avança cap a ell. Calanda, instintivament, fereix Laia, que s'estremeix de dolor. Mare s'acota amagant-se de l'explosió. Josep dispara agafant-se de la mà amb Núria. Surt un tret de la pistola de Josep.*
>
> *Tots queden immòbils.*
>
> *Fosc.*
>
> *Llum a l'escenari. Josep canta la cançó «Personal Jesus».*

Josep:
Your own personal Jesus
Someone to hear your prayers
Someone who cares

Your own personal Jesus
Someone to hear your prayers
Someone who's there

Feeling unknown
And you're all alone
Flesh and bone
By the telephone
Lift up the receiver
I'll make you a believer

Take second best
Put me to the test
Things on your chest
You need to confess
I will deliver
You know I'm a forgiver

Reach out and touch faith
Reach out and touch faith

> *Els actors fan apartar els espectadors que seuen a les taules més cèntriques. Ens queda un espai central, desèrtic, feréstec.*

ACTE 3

Escena 1

Espai fred i indeterminat.

Muerto, ferit, i Calanda, que carrega Laia, que ha perdut el coneixement.

Calanda: Venga, Juan, aguanta. Agárrate a mí. Venga. Así. Vamos a subir hasta allí arriba. ¿Lo puedes ver?

Muerto: No veo nada, Cala.

Calanda: Mira qué cielo, Juan. Mira las nubes. Agárrate a mí.

Muerto: No puedo más. El aire es pesado y no entra en mis pulmones. No quiero cerrar los ojos, Luis.

Calanda: No los cierres.

Muerto: No sé si los volveré a abrir.

Calanda: Vamos a llegar hasta arriba. Tú y yo lo podemos conseguir todo, ¿no te acuerdas?

Muerto: Yo no te debo nada.

Calanda: Arriba el aire es mejor. Seguro que se puede respirar mejor allí arriba.

Muerto: Allí arriba ya no hay nada. Nadie nos espera. Nadie nos va a abrazar.

Calanda: Créeme. Ayer te contaba lo de las ratas y no me creías. Ya los has visto. Los de abajo son todo ratas.

Muerto: Tú les has convertido en ratas.

Calanda: Yo no les he convertido en nada. Ya eran asquerosos antes de que llegara.

Muerto: Eso es lo que quieres creer tú. Déjame bajar. Les diré que no sabías lo que hacías. Les contaré la verdad. No les voy a mentir. Lo van a entender. *(Silenci.)* Deja a la chica conmigo y déjame bajar.

Calanda: La corté sin querer. Ya no se la puedo devolver.

Muerto: Deja que yo me la lleve.

Calanda: Nos vendrá a buscar ese cabrón que te ha herido, Juan. Y su hija también. Van a venir a por ella. Lo sé. Entonces voy a ser más listo y más rápido. Y cuando los haya matado, todos lo verán, Juan. Desde ahí arriba todos lo verán y nos van a perdonar. Nos van a querer porque habré terminado con ellos. Entonces podremos bajar.

Fosc.

Escena 2

Núria és a terra amb el revòlver a la mà. Plora i mig s'ofega. Josep mira de calmar-la.

Josep: Alça't, va! M'has de dir per on ham de passar. No recordo els camins!

Núria: No vui venir.

Josep: La teua filla està en perill.

Núria: La meua filla ja é morta. Hai vist com li tallave el coll.

Josep: No ho has vist.

Núria: Sí que ho hai vist. Ho hai perdut tot. Filla. Mare. Casa. Hai cremat lo poble. Aguest é el meu càstig.

Josep: No n'hi ha de càstigs.

Núria: Que m'ho prenguen tot que hai sigut dolenta.

Josep: Para, Núria, para! No sas què é ser dolent. No sas re tu!

Núria: I tu no m'entens de cap manera!

Josep: Dóna'm la pistola.

Núria: La necessito per a mi.

Josep: Dóna'm la pistola i diga'm quin é lo camí bo!

Núria: No!

Josep li treu la pistola per la força.

Núria: Torna-me-la, fill de puta! Torna-me-la!

Josep: No. Puiaràs amb jo i em diràs quin é lo camí. I quan haiga salvat Laia, i l'haigues mirat als ulls, te la tornaré. Anshòrens fas amb ella el que vulgues.

Fosc.

Escena 3

> *Calanda carregant a Laia. La deixa a terra. Muerto és a terra. Sembla mort.*

Calanda: Juan, joder... ¿Qué haces? No me gastes ninguna broma, hombre. No tengo ganas de reír. *(Pausa.)* Juan, joder. ¿Por qué has cerrado los putos ojos, Juan? Ya casi habíamos llegado, joder. No me dejes solo ahora.

> *Laia remuga.*

Calanda: Niña. Despierta, niña. ¿Estás bien?

Laia: On sóc?

Calanda: Estás en tu casa.

Laia: Què?

Calanda: Estás en tu casa. Ahora vendrá tu madre a buscarte. Y después te va a llevar a tu casa.

Laia: No l'entenc.

Calanda: Joder. Va... *(Pausa.)* A mi ja m'agradaria poder anar a casa meva. Segur que tu també hi vols anar. Va. Digues la veritat. Digue'm on és casa teva. Digue'm on és casa meva. Va! Aixeca la mà i assenyala el lloc. Assenyala'l. És per aquell cantó o és per aquest altre? És allà baix o aquí al costat? Va, digues!

> *Laia tanca els ulls.*

Calanda: T'he dit que no tanquessis els ulls, collons. Nena, desperta. Desperta, collons!

> *Calanda posa a Laia mig asseguda, com si estigués viva, la posa com si fos una nina.*

Calanda: Juan, me cago en tu puta madre. Me has dejado solo. ¡Cabrón hijo de puta! Dejarme solo con las brujas, Juan. Eres un hijo de puta. Eres un cabrón. ¿Adónde vamos a ir, Juan? ¿Adónde tenemos que ir? Ya no puedo subir más. Ya no me queda montaña, joder. Respóndeme. ¡Di algo!

> *Calanda torna a carregar Laia sobre els seus braços.*
>
> *Fosc.*

Escena 4

> *Núria i Josep troben el cadàver de Muerto.*

Josep: Ho veus. Si Laia fos morta ja se n'haurie desfet en aquest marge.

Núria: Dóna'm, doncs.

Núria li agafa les mans. Lluiten pel revòlver.

Josep: No. Són ràpids i bruts. Tramposos, si els cal.

Núria: É la meua filla i seré jo qui la recuperarà.

Josep: Sola no podràs.

Núria: Podré més que tu, que només ets un vell. Què vòs? Ho vòs salvar tot, ara? Te vòs guanyar el perdó?

Josep: No. No vui que em perdones.

Núria: Doncs no em segueixes per re. Mare ja em va dir que ets la pitjor rata que hi ha al món.

Josep: Sí, é veritat! Ho sóc!

Núria: Doncs vés-te'n!

Josep: Te seguiré tant com convingue. Te vigilaré. Vatres hau de començar de nou.

Núria: No em digues re. Per mi no existixes!

Josep: Ara et tocarà construir de nou. I no ho podràs fer ni sobre l'odi ni la rancúnia. Ni sobre la violència ni sobre la por.

Núria: No hai de construir re, jo.

Josep: I si et taques amb la seua sang un camí, pensaràs que no passe re si hi tornes. Creu-me. Jo hi hai passat! Si ho fas tornaràs a veure que els teus te temen.

Núria: Ere millor viure enmig de la por. Cada u s'estave a casa seua. No tenir por, te porte a la mort.

Josep: Jo n'hai fet molta i hai sigut molt infeliç. *(Pausa.)* Mira. Està puiant per allí.

Núria: Aguell camí s'acabe a demont. No n'hi ha, de sortida.

Josep: A demont els atraparem. N'hai conegut molts com aguest. No pararà fins que correrà sang. Si la volen, la tindran.

> *Núria i Josep avancen. Al cap d'uns segons, apareix Mare, tota desllorigada.*
> *Fosc.*

Escena 5 i final

> *S'il·lumina tot el rectangle llarg.*
> *Calanda fa com que tapa o protegeix a Laia en un cantó.*

A l'altre cantó, Núria dóna la pistola a Josep. Josep l'enfunda a la cartutxera.

Sona la música del duel.

Uns moments de tensió.

Les mans a prop de cada revòlver. La boira baixa i cada cop és més intensa.

El vent bufa.

Josep desenfunda. Calanda no ha arribat a temps. Josep queda parat amb el seu revòlver apuntant a Calanda. Calanda alça el seu revòlver. Només Calanda dispara. Josep cau a terra, de genolls.

Calanda està sorprès i satisfet amb el que acaba de passar.

Núria va a buscar la pistola de Josep.

Calanda abaixa el revòlver.

Núria mira a Laia. Laia no es mou. Núria abaixa el revòlver. Calanda enfunda el seu revòlver. Núria i Calanda es miren fixament. Núria avança cap a Laia. Calanda recula. Calanda no sap on ha d'anar. Surt.

Núria agafa el cos de Laia.

Núria descobreix que Laia és morta. No pot ocultar ni el seu dolor ni la seva tristesa. Arriba Mare. Mare veu el cadàver de Josep a terra.

Mare, *feliç*: Ara tot tornarà a anar bé. Tot anirà com toque. Jo et vai traure lo Boneta de demont. Li vai tocar el Land Rover. I tu li has disparat. Tu has mort lo diable.

> *Núria plora. No diu res a Mare, però li voldria dir que Laia és morta.*

Mare: Va, filla. Digues les paraules. Fes-la despertar.

> *Núria fa que no amb el cap.*

Mare: Digues les paraules, filla!

> *Núria plora d'impotència mentre posa les mans sobre Laia.*

Núria: Desperta, filla.

> *Núria es desespera i cau plorant sobre el cos de Laia.*
>
> *Laia obre els ulls. Laia abraça a Núria. Mare somriu.*

Laia: Mare.

> *Sobre elles ara ja hi ha molta llum.*
> *Fosc final.*

Aquest llibre,
imprès
als tallers de Gràfiques Arrels
de la ciutat de Tarragona,
fou enllestit
el dia 21 de desembre del 2011

Volums publicats:

Textos Aparte

Teatro contemporáneo

1. Juan Pablo Vallejo, *Patera*, 2004. Premi Born 2003
2. Toni Cabré, *Navegantes / Viaje a California*, 2005
3. Fernando León de Aranoa, *Familia*, 2005. Adaptación de Carles Sans
4. José Luis Arce, *El sueño de Dios*, 2005. Premi Born 2004
5. Joan Casas, *El último día de la creación*, 2006
6. J. Carlos Centeno Álvarez, *Anita Rondó*, 2006
7. Antonio Álamo, *Veinticinco años menos un día*, 2006. Premi Born 2005
8. Rebecca Simpson, *Juana*, 2007
9. Antonio Morcillo, *Firenze*, 2008
10. José Sanchis Sinisterra, *Valeria y los pájaros*, 2008
11. Richard France, *Su seguro servidor Orson Welles*, 2008
12. Carlos Be, *Llueven vacas*, 2008
13. Santiago Martín Bermúdez, *El tango del Emperador*, 2008
14. José Sanchis Sinisterra, *Vagas noticias de Klamm*, 2009
15. Gerard Vàzquez/ Jordi Barra, *El retratista*, 2009

Textos aparte Teatro clásico

1. Friedrich Schiller, *Don Carlos*, 2010

Textos a Part

Teatre contemporani

1. Gerard Vàzquez, *Magma*, 1998 Premi Born 1997
2. Enric Rufas, *Certes mentides*, 1998
3. Lluïsa Cunillé, *La venda*, 1999
4. Juan Mayorga, *Cartes d'amor a Stalin*, 1999. Premi Born 1998
5. Toni Cabré, *Navegants*, 1999. Premi Serra d'Or 1999
6. Patrice Chaplin, *Rient cap a la foscor*, 2000
7. Paco Zarzoso, *Ultramarins*, 2000. Premi Serra d'Or 1999 (al millor text espectacle)
8. Lluïsa Cunillé, *L'aniversari*, 2000. Premi Born 1999
9. Bienve Moya, *Ànima malalta*, 2000
10. Joan Casas, *L'últim dia de la creació*, 2001
11. Toni Rumbau, *Euridice i els titelles de Caront*, 2001
12. Rosa M. Isart Margarit, *Vainilla*, 2001. Premi Joaquim M. Bartrina, Reus 2000
13. Raül Hernández Garrido, *Si un dia m'oblidessis*, 2001. Premi Born 2000
14. Harold Pinter, *L'engany*, 2001
15. David Plana, *Després ve la nit*, 2002
16. Beth Escudé, *Les nenes mortes no creixen*, 2002. Premi Joaquim M. Bartrina, Reus 2001
17. Luis Miguel González, *La negra*, 2002. Premi Born 2001
18. Enric Nolla, *Tractat de blanques*, 2003
19. Dic Edwards, *Sobre el bosc lacti*, 2003
20. Manuel Molins, *Elisa*, 2003
21. Meritxell Cucurella, *Pare nostre que esteu en el cel*, 2003
22. Llorenç Capellà, *Un bou ha mort Manolete*, 2003. Premi Born 2002
23. Gerard Vàzquez i Jordi Barra, *El retratista*, 2003. Premi del Crèdit Andorrà, Andorra 2002
24. Albert Mestres, *1714. Homenatge a Sarajevo*, 2004
25. AADD, *Dramaticulària*, 2005
26. Miquel Argüelles, *Una nevera no és un armari*, 2004. Premi Joaquim M. Bartrina, Reus 2002
27. Joan Duran, *Bruna de nit*, 2004
28. Vicent Tur, *Alicia*, 2005. Premi Joaquim M. Bartrina, Reus 2003
29. Josep Julien, *Anitta Split*, 2005. Premi del Crèdit Andorrà, Andorra 2004

30. Magí Sunyer, *Lucrècia*, 2005
31. Ignasi Garcia Barba, *El bosc que creix / Marina / Preludi en dos temps*, 2005
32. Marco Palladini, *Assassí*, 2006
33. Jordi Coca, *Interior anglès*, 2006
34. Marta Buchaca, *L'olor sota la pell*, 2006. Premi Joaquim M. Bartrina, Reus 2005
35. Manuel Molins, *Combat*, 2006
36. Marc Rosich, *Surabaya*, 2007
37. Carlos Be, *Origami*, 2007. Premi Born 2006
38. Ödön Von Horváth, *Amor Fe Esperança. Una Petita dansa de mort en cinc quadres*, 2007
39. Jordi Sala, *Despulla't, germana*, 2007
40. Cinta Mulet, *Qui ha mort una poeta*, 2007
41. Gerard Guix, *Gènesi 3.0*, 2007. III Premi Fundació Romea de Textos Teatrals 2006
42. Aleix Aguilà, *Ira*, 2007. Premi del Crèdit Andorrà, Andorra 2006
43. Carles Batlle, *Trànsits*, 2007
44. Marc Rosich, *La Cuzzoni*, 2007
45. Fernando Pessoa, *El mariner*, 2007
46. Janusz Glowacki, *Antígona a Nova York*, 2007
47. Jordi Faura, *La sala d'espera*, 2008 Premi Joaquim M. Bartrina, Reus 2006
48. Toni Cabré, *Demà coneixeràs en Klein*, 2008
49. Damià Barbany, *Arnau, el mite; la llegenda catalana*, 2008 (Inclou CD)
50. José Sanchis Sinisterra, *El setge de Leningrad*, 2008
51. Jesús Díez, *El show de Kinsey*, 2008. Premi Born 2007
52. Guillem Clua, *Gust de cendra*, 2008
53. Josep M. Miró Coromina, *Quan encara no sabíem res*, 2008. Premi del Crèdit Andorrà, Andorra 2007
54. Josep Julien, *Hong Kong Haddock*, 2008. IV Premi Fundació Romea de Textos Teatrals 2008
55. Ignasi Garcia i Barba, *Mars de gespa / La finestra / Sota terra*, 2008
56. Albert Benach, *Mascles!*, 2008
57. Erik Satie, *El parany de Medusa*, 2009
58. Joan Cavallé, *Peus descalços sota la lluna d'agost*, 2009. I Premi 14 d'Abril de Teatre, 2008
59. Josep M. Diéguez, *De vegades la pau*, 2009. Accèssit I Premi 14 d'Abril de Teatre, 2008
60. Angelina Llongueras i Altimis, *El cobert*, 2009. Accèssit I Premi 14 d'Abril de Teatre, 2008
61. Carles Batlle, *Oblidar Barcelona*, 2009. Premi Born 2008
62. Enric Nolla, *Còlera*, 2009
63. Manuel Pérez Berenguer, *Hòmens de palla, dies de vent (Una reflexió sobre el destí)*, 2009. Premi del Crèdit Andorrà, Andorra 2008
64. Jordi Faura, *La fàbrica de la felicitat*, 2009
65. Joan Gallart, *Sexe, amor i literatura*, 2009
66. Pere Riera, *Casa Calores*, 2009
67. Enric Nolla, *El berenar d'Ulisses*, 2009
68. Helena Tornero, *Apatxes*, 2009. II Premi 14 d'Abril de Teatre, 2009
69. Carles Mallol, *M de Mortal*, 2010
70. Josep Maria Miró i Coromina, *La dona que perdia tots els avions*, 2010. Premi Born 2009
71. Joan Lluís Bozzo, *Còmica vida*, 2010
72. Pere Riera, *Lluny de Nuuk*, 2010
73. Marta Buchaca, *A mi no em diguis amor*, 2010
74. Neil Labute, *Coses que dèiem avui*, 2010
75. Damià Barbany, *Prohibit prohibir*, 2010
76. Michel Azama, *La Resclosa*, 2010
77. Ferran Joanmiquel Pla, *Blau*, 2010. VIII Premi Joaquim M. Bartrina, Reus 2009
78. Evelyne de la Chenelière, *Bashir Lazhar*, 2010
79. Josep M. Benet i Jornet, *Dues dones que ballen*, 2010.
80. Carles Batlle, *Zoom*, 2010.
81. Ferran Joanmiquel Pla, *Blau*, 2010.
82. Daniela Feixas, *El bosc*, 2011.
83. Guillem Clua, *Killer*, 2011.
84. Marc Rosich, *Rive Gauche*, 2011.
85. August Strindberg, *Creditors*, 2011.
86. Lluïsa Cunillé, *El temps*, 2011.

87. Maria Aurèlia Capmany i Xavier Romeu, *Preguntes i respostes sobre la vida i la mort de Francesc Layret, advocat dels obrers de Catalunya*, 2011.
88. Cristina Clemente, *Vimbodí vs. Praga*, 2011.
89. Josep Maria Miró i Coromina, *Gang bang (Obert fins a l'hora de l'Àngelus)*, 2011.
90. Joan Rosés, *Falstaff Cafè (Els pallassos de Shakespeare)*, 2011.
91. Marc Rosich, *Car Wash (tren de rentat)*, 2011.
92. Sergi Pompermayer, *Top model*, 2011.
93. Aleix Puiggalí, *Al fons del calaix*, 2011.
94. Jordi Casanovas, *Una història catalana*, 2011.

Textos a Part Teatre clàssic

1. Fiódor Dostoievski, *El gran inquisidor*, 2008